ISÖ
Institut für
Sozialökologie

ISÖ-Text 2019-4

Perfektionismus und Umgang mit Fehlern

Wie wirkt sich dabei eine Achtsamkeitsübung aus?

Laura Stalb-Opielka

ISÖ – Institut für Sozialökologie gemeinnützige GmbH

ISÖ – Institute for Social Ecology non-profit company

Bibliographische Information der Deutschen Nationalbibliothek:

Die Deutsche Nationalbibliothek verzeichnet diese Publikation in der Deutschen Nationalbibliographie; detaillierte bibliographische Daten sind im Internet unter http://dnb.dnb.de abrufbar.

© 2019 ISÖ – Institut für Sozialökologie gemeinnützige GmbH

Herstellung und Verlag:

BoD – Books on Demand, Norderstedt

ISBN: 978-3-75043-052-5

Perfektionismus und Umgang mit Fehlern

Wie wirkt sich dabei eine Achtsamkeitsübung aus?

Laura Stalb-Opielka

Siegburg, Dezember 2019

ISÖ - Institut für Sozialökologie gemeinnützige GmbH

Ringstraße 8, 53721 Siegburg

Tel.: +49 (0) 2241 1457073, Fax: +49 (0) 2241 1457039, E-Mail: info@isoe.org, Web: www.isoe.org

Coverabbildung: https://karrierebibel.de/wp-content/uploads/2016/02/Perfektionismus-Test-Perfektionist-Fehler-Genauigkeit-Perfekt-650x434.jpg

Weitere Informationen finden sie auf der Homepage des

ISÖ – Institut für Sozialökologie gGmbH:

http://www.isoe.org

Inhaltsverzeichnis

Tabellenverzeichnis

Abbildungsverzeichnis

ISÖ
Institut für
Sozialökologie

Vorwort

Vertiefung und Aufgehen in einer Tätigkeit erfordern, dass unsere Fähigkeiten und die Anforderungen, die an uns gestellt werden, zueinander passen, wir also weder das Gefühl von Über- noch von Unterforderung erleben. Ist dies nicht der Fall, entstehen Langeweile oder Stress. Letzterer kann in Verbindung mit einem ausgeprägten Perfektionismus und einer gering ausgeprägten Fehlerkultur unser Belastungsniveau beträchtlich steigern. Wie Metaanalysen zeigen, hat der Perfektionismus gerade unter Studierenden im anglo-amerikanischen Bereich in den letzten Jahrzehnten kontinuierlich zugenommen. Der subjektive Stress lässt zudem die Zahl psychischer Erkrankungen steigen. Andererseits ist in jüngster Vergangenheit bei Wirtschaftsunternehmen ein Trend zu beobachten, an der Fehlerkultur aktiv zu arbeiten. In sogenannten Fuckup-Nights wird das Scheitern salonfähig gemacht und das Lernen aus Fehlern eventartig zelebriert. Außerdem lässt sich von Schulen bis Unternehmen eine verstärkte Fokussierung auf Achtsamkeitspraktiken konstatieren. Dies ist der Hintergrund vor dem die Untersuchung von Laura Stalb-Opielka zur Wirkung einer online-basierten Achtsamkeitsübung zu verorten ist. Dass Achtsamkeitspraktiken positive Effekte beispielsweise bei Depressionen oder Suchterkrankungen haben können, ist empirisch durch MBSR-Kurse bereits nachgewiesen. In der hier vorgelegten Untersuchung geht es um die Frage, wie sich eine Achtsamkeitsübung bei Perfektionismus auf die Adaptivität affektiv-motivationaler und handlungsbezogener Reaktionen auf Fehler auswirkt.

Die Arbeit lenkt den Blick darauf, dass es heute, nachdem der Mensch in den letzten Jahrhunderten große Fortschritte in der Erkundung der äußeren Welt gemacht hat, darauf ankommt, sich verstärkt der Innenwelterkundung zuzuwenden, um mit den vielfältigen Handlungsoptionen sinnvoll und verantwortungsbewusst umgehen zu können. Dass es hier einen Nachholbedarf gibt, darauf verweist die Forderung nach salutogenen Lehr- und Lernkulturen der Achtsamkeit.

In Zeiten der reflexiven Moderne gewinnt das Thema Gesundheit insbesondere unter psychischen, sozialen und spirituellen Aspekten an Bedeutung. Gegenüber der gesellschaftlichen Fokussierung auf technologische Entwicklungen in den letzten Jahrzehnten ist der Schulung unserer sinnlichen Wahrnehmungsmedien nur geringe Aufmerksamkeit geschenkt worden. Hier gibt es einen Nachholbedarf. Neben der Außenwelterkundung kommt es zunehmend auf eine sensible Innenwelterkundung des Menschen an. Es ist deshalb konsequent danach zu fragen, wie es die hier vorgelegte Arbeit macht, ob sich die Adaptivität der Reaktionen auf Fehler oder Misserfolge von Perfektionisten durch eine kurze Online-Achtsamkeitsübung beeinflussen lässt.

Die Herausforderung für unsere Lern- und Arbeitskulturen der Zukunft besteht darin, Möglichkeiten der Selbstvergewisserung und der Selbststeuerung bereitzustellen, um so zu einer gesellschaftlichen Entschleunigung beizutragen, die den Stress reduziert. Dass die Kultivierung von Achtsamkeit dabei positive Wirkungen für unsere psychische und physische Gesundheit hat, ist durch empirische Studien inzwischen nachgewiesen. Kulturen der Achtsamkeit sind eine wichtige Voraussetzung zur Entwicklung von Selbstbestimmungs-, Mitbestimmungs- und Solidaritätsfähigkeit. Menschen suchen heute nach Orientierung, Sinn und Verbundenheit. Die Verbundenheit mit Natur, Mitwelt, einem höheren Wesen und dem Selbst ist der Kern von Spiritualität. Dieses Bedürfnis gilt es verstärkt in allen Lebensbereichen aufzugreifen. Früher haben sich die Religionen dieser Frage angenommen, aber den Menschen geht es heute immer weniger um religiöse Riten, sondern vielmehr um eine alltagspraktische Spiritualität. Dass spirituelle Praktiken erwiesenermaßen Stress reduzieren, das Risiko speziell von kardiovaskulären Krankheiten mindern, das Immunsystem stärken, Bewältigungsstrategien begünstigen und das Wohlbefinden erhöhen, gilt inzwischen als gesichert. Eine Achtsamkeitspraxis hilft nicht nur die wachsenden Anforderungen einer Wirklichkeit zu meistern, die immer unübersichtlicher und komplexer wird, sie fördert auch ein Wachstum an Empathie und Zufriedenheit.

Mit ihren eigenen empirischen Versuchen und der intensiven Auseinandersetzung mit bereits vorliegenden Forschungsbefunden zeigt Laura Stalb-Opielka auf, dass sich die maladaptive Fokussierung auf Fehlervermeidung tendenziell negativ auf Kreativität und innovatives Verhalten auswirkt. Doch dies sind genau jene Fähigkeiten und Eigenschaften, die in einer disruptiven VUKA-Welt immer wichtiger werden. Diese VUKA-Welt ist gekennzeichnet durch die Volatilität in der Art und Intensität der Veränderungen, die Unsicherheit in der prognostizierbaren Vorhersehbarkeit von Ereignissen, die Komplexität der Interdependenzen von Ereignissen und Handlungen sowie die Ambiguität in der Mehrdeutigkeit der Faktenlage. Kreativität ist gleichermaßen Potential und Selbstausdruck. Sie findet immer dann statt, wenn das Innere nach außen gekehrt wird, wenn wir das, was in uns ist, außerhalb von uns zum Leben erwecken. In diesem Prozess kommen wir uns selbst näher. Kreativität eröffnet uns einen Möglichkeitsraum des Handelns, den zu erschließen uns die Achtsamkeit helfen kann.

Auch wenn die hier zum Einsatz gekommene kurze Online-Achtsamkeitsübung weniger geeignet ist, um kurzfristig zu einem adaptiveren Umgang mit Fehlern zu verhelfen bzw. negative Affekte zu reduzieren, so spricht dies nicht gegen die generelle Wirkung von Achtsamkeitsübungen, sondern verweist vielmehr darauf, dass regelmäßiges Üben über einen gewissen Zeitraum erforderlich ist, um statistisch signifikante Effekte zu erzielen. Auch die Wirkung verschiedener Achtsamkeitstrainings könnte in Folgeuntersuchungen untersucht werden.

Neben der individuellen Achtsamkeit sollte verstärkt auch die Aufmerksamkeit auf die institutionelle Achtsamkeit gelenkt werden, indem die Bewusstheit der Mitglieder gegenüber den Strukturen und der Kultur ihrer Institution erhöht wird, um so mit dazu beizutragen, eine organisationsbezogene Achtsamkeit auszubilden. Dies ist ein sehr wichtiger Punkt, der in der Beschäftigung mit dem Thema Achtsamkeit zukünftig viel häufiger zu beachten sein wird, um die institutionelle Rahmung von Perfektionismus und Umgang mit Fehlern im Zusammenhang mit organisationskulturellen Aspekten zu verbinden.

Jena, im November 2019

Prof. Dr. Erich Schäfer

Zusammenfassung

Der Umgang mit Fehlern wird in der Forschungsliteratur als Trait konzipiert. Die vorliegende Studie untersucht, ob sich die Adaptivität des Umgangs mit Fehlern durch eine kurze Online-Achtsamkeitsübung beeinflussen lässt und ob die Ausprägung von Fehlersensibilität und hohen Standards dabei eine bedeutsame Rolle spielen. Um diesen Forschungsfragen nachzugehen, wurde ein computerbasiertes Online-Experiment durchgeführt, bei dem die Teilnehmer zufällig den Versuchsbedingungen zugeordnet wurden. Die Teilnehmer der Experimentalgruppe ($n = 83$) nahmen an einer Achtsamkeits-, die Teilnehmer der Kontrollgruppe ($n = 71$) an einer Mindwanderingübung teil. Die Daten wurden mithilfe multivariater Methoden analysiert. Die Ergebnisse zeigen, dass eine kurze Online-Achtsamkeitsübung nicht geeignet ist, kurzfristig zu adaptiverem Umgang mit Fehlern zu verhelfen oder negativen Affekt zu reduzieren. Allerdings ließ sich die Adaptivität der Reaktion auf Fehler durch die Art des Feedbacks manipulieren. Die Bedeutung der Ergebnisse für Forschung und Praxis werden diskutiert sowie Vorschläge für weiterführende Forschungsarbeiten unterbreitet.

Schlagwörter: Achtsamkeit, Fehler, Scheitern, Reaktionen auf Fehler, Affektiv-motivationale Adaptivität, Handlungsadaptivität, Affekt, Emotion, Emotionsregulation, Motivation, Perfektionismus, Fehlersensibilität, Hohe Standards

1 Einleitung

Zwischen Reiz und Reaktion liegt ein Raum.
In diesem Raum liegt unsere Macht zur Wahl unserer Reaktion.
In unserer Reaktion liegen unsere Entwicklung und unsere Freiheit.
Viktor Frankl (1905-1997)

Fehlermachen ist ein integraler Bestandteil des Menschseins. Wir machen ständig Fehler und diese Fehler sind uns in der Regel unangenehm. Sie sind meist mit Gefühlen von Scham oder Schuld verbunden – Emotionen, die eng mit der Selbstbewertung verknüpft sind (Tangney, 2002; Tangney, Stuewig & Mashek, 2007). Deshalb versuchen die meisten Menschen, Fehler zu vermeiden. Ein entspannterer Umgang mit Fehlern erleichtert es jedoch, aus ihnen zu lernen (Oser & Spychiger, 2005; Zhao, 2011). Einige Forscher plädieren daher für den Aufbau einer Fehlerkultur sowohl im Unternehmensbereich (Harteis, Bauer & Heid, 2006; Rausch, Seifried & Harteis, 2017) als auch in Schulen (Böhnke & Thiel, 2016; Oser & Spychiger, 2005) und anderen Bildungseinrichtungen (Tawfik, Rong & Choi, 2015). Beispielsweise gelten Fehler in vielen Start-Up-Unternehmen als Zeichen für Innovation und kreativen Mut und werden als wertvolle Quelle für Lernprozesse betrachtet. Auch die mit Fehlern einhergehenden negativen Affekte haben etwas Gutes: sie machen deutlich, wie wichtig der betroffenen Person die Angelegenheit ist. Je wichtiger, desto mehr negative Gefühle gehen mit dem gemachten Fehler einher. Negativer Affekt im Zusammenhang mit Fehlern und dem Lernen aus Fehlern kann insofern als adaptiv betrachtet werden, als er die Bedeutung des angestrebten Zielzustandes anzeigt und eine Wiederholung des Fehlers unwahrscheinlicher macht. Zu viel negativer Affekt fördert jedoch vermeidendes Verhalten und verhindert, dass der Fehlerkontext genauer betrachtet wird. Um aus einem Fehler lernen zu können, ist es notwendig, dass die handelnde Person sich ihres Fehlers auch bewusst wird. Die Aufmerksamkeit der Person muss demnach bei sich selbst und ihrem Handeln liegen. Eine effektive Fehleranalyse setzt die Fähigkeit voraus, starke Affekte regulieren zu können. Aufmerksamkeitsfokussierung und Emotionsregulation – diese beiden Fähigkeiten sind essentiell für einen adaptiven Umgang mit Fehlern. Eine Möglichkeit, sowohl die Fähigkeit der Aufmerksamkeitsfokussierung als auch die Emotionsregulationsfähigkeit zu stärken, bilden beispielsweise Achtsamkeitsübungen.

ISÖ
Institut für
Sozialökologie

Dresel, Schober, Ziegler, Grassinger und Steuer (2013) gehen von der Annahme aus, dass die Adaptivität des Umgangs mit Fehlern als Trait, das heißt als eine stabile Persönlichkeitseigenschaft dargestellt werden kann. Aufgrund der oben genannten Fähigkeiten, die für einen adaptiven Umgang mit Fehlern relevant sind, stellt sich jedoch die Frage, ob diese Annahme haltbar ist. Da Aufmerksamkeit und Emotionsregulation trainierbar sind, ist es durchaus denkbar, dass die Adaptivität der Reaktion auf Fehler auch als State, als durch innere und äußere Einflüsse veränderbarer Zustand, konzipiert werden kann.

Achtsamkeit, eine besondere Form der Aufmerksamkeit, bei der der Fokus auf die Gegenwart gerichtet wird, ist derzeit Bestandteil einiger Therapieprogramme. Beispiele für Programme, die auf Achtsamkeit basieren oder Achtsamkeitsübungen beinhalten, sind die Mindfulness-Based Stress Reduction, die Akzeptanz- und Commitment-Therapie oder die Mindfulness-Based Cognitive Therapy. Die Ergebnisse von Studien, die die Wirksamkeit solcher achtsamkeitsbasierten Ansätze untersuchen, attestieren ihnen positive Effekte für die Behandlung von Suchterkrankungen (Bowen et al., 2009; Kamboj et al., 2017), Depressionen, Angststörungen (Hofmann, Sawyer, Witt & Oh, 2010) und Perfektionismus (James & Rimes, 2018).

Ob sich Perfektionismus, das Streben nach Fehlerfreiheit und Perfektion, positiv oder negativ auf Leistung und Wohlbefinden auswirkt, ist in der psychologischen Forschung ein sehr kontrovers diskutiertes Thema. Einige Forscher betrachten Perfektionismus insgesamt als Vulnerabilitätsfaktor (z.B. Hewitt und Flett 1991), andere betonen, dass bestimmte Facetten des Perfektionismus durchaus einen positiven Einfluss auf verschiedene Lebensbereiche haben können (Stoeber & Otto, 2006). Verschiedene Studien zeigen, dass das Setzen hoher Standards tendenziell mit positivem Affekt wie Stolz, Lebenszufriedenheit, weniger externalen Kontrollüberzeugungen, ausgeprägterer Verträglichkeit und mehr Selbstbewusstsein und geringerem Vermeidungsverhalten assoziiert ist (Castro, Soares, Pereira & Macedo, 2017; Moroz & Dunkley, 2018; Neumeister, 2004; Stoeber & Otto, 2006; Stoeber, Harris & Moon, 2007; Stoeber & Yang, 2010).

Aber hohe Standards allein machen eine Person noch nicht zu einem Perfektionisten. Das Problem mit übermäßig hohen Standards ist, dass diese oft nicht erreicht werden (können). Wenn diese Kluft zwischen dem eigenen Anspruchsniveau und dem tatsächlichen Ergebnis von der betroffenen Person als sehr belastend erlebt wird, können psychopathologische Symptome die Folge sein. Perfektionisten stellen besonders hohe Ansprüche an die eigene Leistung.

Aus diesem Grund scheitern sie in ihrem subjektiven Erleben häufiger als Menschen, die weniger hochgesteckte Ziele haben. Neben sehr hoch gesteckten Zielen ist Fehlersensibilität eine weitere Facette des Perfektionismus. Während für einige der Spruch „Aufstehen, Krönchen zurechtrücken und weitermachen" passt, brauchen andere länger, um über einen Fehler oder Misserfolg hinwegzukommen. Fehlersensibilität scheint zudem mit größerer Versagensangst assoziiert zu sein (Correia, Rosado & Serpa, 2018). In einer Metaanalyse konnten Curran und Hill (2017) Belege dafür finden, dass Perfektionismus bei Studierenden in den USA, Kanada und Großbritannien zwischen 1986 und 2016 kontinuierlich zugenommen hat. Die Autoren gehen von der Annahme aus, dass die Zunahme von Perfektionismus eine mögliche Erklärung für den Zuwachs an psychischen Problemen bei jungen Menschen darstellt.

Sowohl dem Thema Achtsamkeit als auch dem Thema Perfektionismus wurden in den letzten Jahren in der psychologischen Forschung zahlreiche Forschungsarbeiten gewidmet. Jedoch handelt es sich bei den meisten Studien, die den Zusammenhang zwischen Perfektionismus und Achtsamkeit untersuchen, um korrelative Designs. Der Zusammenhang zwischen Perfektionismus und Umgang mit Fehlern oder Scheitern wird vor allem in der Sport- (Curran & Hill, 2018; Correia et al., 2018; Chen, Kee & Tsai, 2012), der Persönlichkeits- (Smith, Saklofske & Nordstokke, 2014; Smith, Saklofske & Yan, 2015; Stoeber et al., 2007; Stoeber, Kempe & Keogh, 2008; Stoeber, Hutchfield & Wood, 2008; Stoeber & Yang, 2010; Thompson, Foreman & Martin, 2000; van der Kaap-Deeder et al., 2016), der Klinischen- (Bekker, van de Meerendonk & Mollerus, 2004; Conroy, Kaye & Fifer, 2007; Johnston et al., 2018) und der Neuropsychologie (Stahl, 2010; Stahl, Acharki, Kresimon, Völler & Gibbons, 2015) untersucht. Die in der Arbeits- und Organisationspsychologie durchgeführten Studien untersuchen den Umgang mit Fehlern in der Regel im organisationalen Kontext (Frese & Keith, 2015). Sie legen den Fokus auf das Lernen aus Fehlern, die Vermeidung der Fehlerwiederholung und Fehlermanagement. Auch im Schulkontext wird der Fokus oft ähnlich gewählt. Die untersuchte Stichprobe besteht meist aus Schülerinnen und Schülern (Dresel et al., 2013; Grassinger & Dresel, 2017) oder Studierenden (Cullen, Muros, Rasch & Sackett, 2013).

Zusammenfassend lässt sich feststellen, dass die maladaptive Fokussierung auf Fehlervermeidung sich eher negativ auf Kreativität und innovatives Verhalten auszuwirken scheint und auch wenig förderlich für das psychische Wohlbefinden ist. In der vorliegenden Arbeit sollen daher Möglichkeiten untersucht werden, die dazu beitragen können, die Fehlertoleranz zu verbessern. Es gibt einige Studien, die den Zusammenhang zwischen Perfektionismus und dem

ISÖ
Institut für
Sozialökologie

Umgang mit Fehlern untersuchen. Nach Kenntnisstand der Verfasserin gibt es bisher jedoch keine experimentellen Studien, die untersuchen, ob sich die Adaptivität der Reaktionen auf Fehler oder Misserfolge von Perfektionisten durch eine kurze Online-Achtsamkeitsübung beeinflussen lässt oder ob die Adaptivität der Reaktionen auf Fehler als Trait konzeptioniert werden kann, wie es Dresel et al. (2013) postulieren. Das Anliegen der vorliegenden Arbeit ist es, diese Forschungslücken zu schließen.

Ein Ziel dieser Arbeit ist es zu untersuchen, ob sich die Adaptivität der Reaktionen auf Fehler manipulieren und somit als State konzipieren lässt. Zum anderen soll herausgefunden werden, ob sich eine sehr kurze und nur einmal durchgeführte Online-Achtsamkeitsübung dazu eignet, die Adaptivität der Reaktion auf Fehler zu beeinflussen und ob die Ausprägung von Fehlersensibilität und hohen Standards dabei eine bedeutsame Rolle spielen. Dabei soll außerdem auch untersucht werden, ob ältere Versuchsteilnehmer adaptiver mit Fehlern umgehen als jüngere.

Es ist nicht Ziel dieser Arbeit, allgemeine Aussagen über die Wirksamkeit von Achtsamkeitstrainings oder achtsamkeitsbasierter Therapieprogramme zu treffen. Außerdem werden explizit nur zwei Facetten des Perfektionismus (Hohe Standards und Fehlersensibilität) betrachtet, weil diese einen deutlichen Bezug zum Umgang mit Fehlern erkennen lassen. Demnach werden im Rahmen dieser Arbeit keine Angaben zu anderen Facetten des Perfektionismus oder zu Perfektionismus im Allgemeinen getroffen. Da die Untersuchung im Rahmen eines Online-Experiments stattfinden soll, ist es nicht möglich, die Komplexität einer Fehlersituation vollständig abzubilden. Vielmehr geht es darum, einen kleinen Teil des komplexen Geschehens herauszugreifen und diesen genauer zu untersuchen, sodass in diesem Bereich ein tiefgreifenderes Verständnis ermöglicht wird. So wird in der vorliegenden Arbeit beispielsweise nur einmaliges Scheitern untersucht, sodass die Ergebnisse nicht auf Situationen übertragbar sind, in denen eine Person wiederholt scheitert.

Zur Beantwortung der Forschungsfragen sollen zunächst Forschungsstand und Theorie zum Umgang mit Fehlern (Kapitel 2.1), Achtsamkeit (Kapitel 2.2) und Perfektionismus (Kapitel 2.3) dargelegt und relevante Zusammenhänge der Konstrukte aufgezeigt werden (Kapitel 2.4). Dabei kommen einigen Forschungsarbeiten und Modellen besondere Bedeutung zu. Dies sind insbesondere die Arbeit zum Thema Adaptivität der Reaktion auf Fehler von Dresel et al. (2013), in deren Rahmen die Autoren einen Fragebogen zur Erfassung der Adaptivität der Reaktion auf Fehler auf affektiv-motivationaler sowie behavioraler Ebene entwickelt haben (siehe Abschnitt 2.1.1). Ein weiteres Modell, das für die Beantwortung der Forschungsfragen dieser

ISÖ
Institut für
Sozialökologie

Arbeit bedeutsam ist, ist das Modell Achtsamer Praxis von Shapiro et al. (2011). Die Autoren des Modells gehen von der Annahme aus, dass Achtsamkeit als zyklischer Prozess zu verstehen ist, der sich aus den Kernelementen Absicht, Aufmerksamkeit und Haltung zusammensetzt (siehe Abschnitt 2.2.3). Um den möglichen Einfluss von Achtsamkeitstraining auf den Umgang mit Fehlern und auch auf Perfektionismus verstehen zu können, ist zudem die Berücksichtigung des Prozessmodells der Emotionsregulation von Gross (Gross, 1998a, 1998b, 2001, 2013, 2015) hilfreich. Das Modell postuliert verschiedene Strategien der Emotionsregulation, die zu unterschiedlichen Zeitpunkten der Emotionsgenese ansetzen (Abschnitt 2.4.3). Eine weitere wichtige Theorie für die Beantwortung der Fragestellung ist die Theorie der sozioemotionalen Selektivität (Carstensen 1992, 2006; Carstensen et al. 2003; Carstensen et al. 1999; Carstensen et al. 2011; Carstensen et al. 2000). Diese Theorie bietet eine mögliche Erklärung für die Befunde verschiedener Forschungsarbeiten, die zeigen, dass ältere Menschen weniger negativen Affekt berichten als jüngere. Mit ihrer Hilfe soll die Frage beantwortet werden, ob das Alter einen Einfluss darauf hat, wie adaptiv eine Person mit Fehlern umgeht (Abschnitt 2.4.3). Aus dem Forschungsstand und den genannten Theorien und Modellen lassen sich verschiedene Hypothesen ableiten, die in Kapitel 3 vorgestellt werden. Den oben genannten Forschungsfragen soll mithilfe eines computerbasiertes Online-Experiments nachgegangen werden, bei dem die Teilnehmer zufällig den Versuchsbedingungen zugeordnet werden. Die Experimentalgruppe nimmt dazu an einer Achtsamkeitsübung, die Kontrollgruppe an einer Entspannungsübung (Mindwanderingübung) teil (Kapitel 4). Anschließend werden die erfassten Daten mithilfe multivariater Methoden analysiert (Kapitel 5) und die Ergebnisse interpretiert (Kapitel 6). Dabei werden sowohl auf die Forschungslage als auch auf für die oben genannten zur Beantwortung der Fragestellung relevante Forschungsarbeiten und Modelle Bezug genommen.

2 Theoretischer und empirischer Hintergrund

In diesem Kapitel werden zunächst die für die vorliegende Arbeit bedeutsamen Begriffe Fehler, emotionale und motivationale Folgen von Fehlern, Achtsamkeit und Perfektionismus definiert und von verwandten Begriffen abgegrenzt. Dazu werden wichtige theoretische Modelle und aktuelle Forschungsergebnisse dargestellt, sowie Bezüge zur Praxis aufgezeigt.

2.1 Fehler

Fehler werden in der psychologischen Forschung hauptsächlich im Bereich der Arbeits- und Organisationspsychologie und der Schulpsychologie untersucht. Fehlern kommt im Zusammenhang mit Lernen eine entscheidende Bedeutung zu. Durch Fehler kann gelernt werden, wie etwas nicht ist oder nicht funktioniert (siehe Abschnitt 2.1.2). Das mit Fehlern und Misserfolg verbundene emotionale Missempfinden führt dazu, dass Individuen im Allgemeinen versuchen, Fehler zu vermeiden.

2.1.1 Definitionskriterien und Abgrenzung zu verwandten Begriffen

Bisher existiert kein Konsens hinsichtlich einer einheitlichen Fehlerdefinition. Jedoch beinhalten die meisten Fehlerdefinitionen die Annahme, dass Fehler eine Abweichung von a) einem Verhalten darstellen, das als richtig betrachtet wird und von der handelnden Person hätte erreicht werden können, oder b) von einem Handlungsziel, das die handelnde Person eigentlich hätte erreichen können (Hofinger, 2008, S. 37). Hier wird der Autorin zufolge der Unterschied zwischen Fehler und *Irrtum* deutlich: Wenn Wissen und Fähigkeit einer Person ausreichen, um eine Aufgabe zu bewältigen, handelt es sich bei einer Abweichung um einen Fehler. Reichen Wissen und Fähigkeiten jedoch nicht aus, handelt es sich bei Abweichungen um einen Irrtum, da die handelnde Person von falschen Annahmen ausgegangen ist oder über ein zu geringes Wissen verfügt hat. Der Begriff Abweichung deutet darauf hin, dass eine zuvor implementierte Absicht (z.B. ein bestimmtes Ergebnis zu erzielen) nicht umgesetzt werden kann und dass die Handlung oder das Ergebnis der Handlung anschließend als „Fehler" bewertet wird (ebd.).

Außerdem lässt sich auch der Begriff *Misserfolg* vom Begriff des Fehlers abgrenzen. Misserfolg bezieht sich auf die negativen oder unerwünschten Konsequenzen, die aus dem Nichterreichen eines persönlichen Ziels resultieren. Ein Misserfolg kann demzufolge die Konsequenz eines Fehlers sein. Jedoch sind nicht alle Misserfolge auf vorangegangene Fehler zurückzuführen und nicht jeder Fehler ist mit einem Misserfolg verbunden (Zhao & Olivera, 2006). Ob ein Fehler als Misserfolg gewertet wird, hängt vom persönlichen Anspruchsniveau der handelnden Person ab (Dresel et al., 2013). Als Anspruchsniveau definieren Beckmann und Heckhausen (2018, S. 144) "[...] den für ein Individuum charakteristischen Gütegrad, bezogen auf die erreichte Leistungsfähigkeit, der für die Selbstbewertung eines erzielten Handlungsresultats entscheidend ist." Werden die eigenen Ansprüche nicht erfüllt, resultieren Emotionen negativer Valenz, wie etwa Scham oder Schuld. Eine angemessene Reaktion auf einen Fehler oder Misserfolg, die es einer Person ermöglicht, weiterhin ihre Ziele und Bedürfnisse zu verfolgen, wird im Folgenden als *adaptiv* bezeichnet.

Wie ein Fehler beurteilt wird, hängt auch von den Konsequenzen ab, die aus einem Fehler resultieren. Es macht einen großen Unterschied, ob eine fehlerhafte Handlung lediglich einen kleinen Sachschaden verursacht oder ob das eigene Handeln zu großen finanziellen Verlusten oder sogar Personenschäden führt. Auch welche Bedeutung dem Fehler durch die handelnde Person selbst beigemessen wird spielt eine Rolle dabei, welche affektiven, motivationalen und behavioralen Konsequenzen ein Fehler mit sich bringt (siehe Abschnitt 2.1.2). Ein Fehler kann außerdem als gravierendes demütigendes Ereignis erlebt werden oder als Lerngelegenheit, um die eigenen Fertigkeiten zu verbessern. In der Forschung spielen Fehler und ihr Potenzial für Lernprozesse eine wichtige Rolle. Die Bedeutung von Fehlern im Hinblick auf Lernerfahrungen und die damit oft verbundenen unangenehmen Emotionen werden in Abschnitt 2.1.2 näher betrachtet. In der vorliegenden Arbeit wird für die Teilnehmer eine Situation geschaffen, in der sie (falsches) negatives Feedback bekommen, weil sie (angeblich) Fehler gemacht haben. Die Unterscheidung zwischen Fehler und Scheitern liegt auch hier in der Bewertung der Situation durch die Teilnehmer, sodass im Folgenden die Begriffe Fehler und Scheitern synonym verwendet werden.

2.1.2 Einführung des Begriffs des „Negativen Wissens" und dessen Bedeutung

Oser und Spychiger (2005) nehmen an, dass Fehlermachen nicht nur unangenehm ist, sondern dass genau dieses Unwohlsein eine wichtige Voraussetzung dafür ist, dass aus Fehlern gelernt wird. Aufgrund der mit Fehlern verknüpften unangenehmen Empfindungen versuchen Menschen, Fehler, insbesondere Fehlerwiederholungen, zu vermeiden. Die Autoren gehen außerdem davon aus, dass ein Sachverhalt oder eine Funktionsweise nur dann wirklich verstanden werden kann, wenn man weiß, wie etwas nicht ist oder funktioniert, man also *Negatives Wissen* über den interessierenden Bereich erworben hat.

Die Autoren (ebd., S. 26f.) unterscheiden vier Arten negativen Wissens: Das Wissen darüber...

1. ... wie sich etwas nicht verhält oder nicht ist (negativ deklarativ),
2. ... wie etwas nicht funktioniert (negativ prozedural),
3. ... welche Strategien nicht zielführend sind (negativ strategisch),
4. ... was in einer bestimmten Situation unangebracht ist (negativ schemaorientiert).

Den Autoren zufolge lässt sich Negatives Wissen in allen wichtigen Bereichen des Lebens nutzen und kann zum einen durch negative Erfahrungen (Fehler) und zum anderen durch „Konstruktions- und Abgrenzungsprozesse" erworben werden, sodass es auch als *Abgrenzungswissen* bezeichnet werden kann. Allerdings ist eine wichtige Voraussetzung für die Konstruktion von (negativem) Wissen, dass der handelnden Person bewusst ist und bei ihr zu der Einsicht führt, dass etwas nicht richtig gelaufen ist.

Die Funktionen des Negativen Wissens sind (Oser & Spychiger, 32-35):

- Die Bildung von Kontrasten: Kontraste helfen bei der Sicherung erworbener Erkenntnisse, indem sie Ordnungsprozesse in gegensätzliche Kategorien ermöglichen;
- Das Vornehmen von Abgrenzung: Mithilfe des negativen Wissens werden Wissensbereiche definiert und ihre Begrenzungen erkannt;
- Das Ermöglichen von Transfer: auch wenn der Transfer negativen Wissens meist nur auf gleiche oder ähnliche Situationen gelingt, so kann Negatives Wissen durchaus das positive Wissen in einer Situation stärken und so zu neuem und adäquaten Verhalten führen;
- Schutzfunktion für das Richtige bewirken: es wird eine Art Warnsystem aufgebaut, um zu verhindern, dass ein bestimmter Fehler wiederholt wird. Dieses *Schutzwissen* beinhaltet den Autoren zufolge nicht nur die Erinnerung an den Fehler, sondern auch die Erinnerung an die kognitiven und emotionalen Reaktionen auf den Fehler (d.h. unangenehme Kognitionen und Affekte, die mit der Fehlersituation assoziiert sind; siehe auch Abschnitt 2.4.2);
- Sicherheit und Gewissheit vermitteln: das negative Wissen „warnt" vor falschen oder unangebrachten Handlungsalternativen und bestätigt damit die richtige Alternative. Auf diese Weise können Unsicherheiten überwunden werden;
- Verhaltensänderung bewirken: in der Interaktion mit und Reaktionen von anderen Personen wird Negatives Wissen aufgebaut, das auch zu Verhaltensänderungen führt.

Den Autoren zufolge sollte es nicht das Ziel sein, Fehler zu idealisieren. Es müsse weiterhin versucht werden, Fehler zu vermeiden. Jedoch sollte der Umgang mit Fehlern so gestaltet werden, dass der Aufbau negativen Wissens gelingt.

2.2 Achtsamkeit

Achtsamkeit und Achtsamkeitstrainings sind in den letzten Jahren zu einem sehr beliebten Forschungsthema avanciert. Dabei legen die Ergebnisse vieler Forschungsarbeiten eine positive Wirkung von Achtsamkeit auf das psychische Wohlbefinden nahe (Carmody, Reed, Kristeller & Merriam, 2008; Gu, Strauss, Bond & Cavanagh, 2015; Shapiro, 2009). Im folgenden Abschnitt soll es zunächst darum gehen, eine für diese Arbeit passende Definition von Achtsamkeit auszuwählen und den Begriff der Achtsamkeit von anderen Konstrukten abzugrenzen.

2.2.1 Definition und Abgrenzung des Begriffs der Achtsamkeit

Bishop et al. (2004) definieren Achtsamkeit als einen psychologischen Prozess der gelenkten Aufmerksamkeit, bei dem es darum geht, einen Bewusstseinszustand zu erreichen, in dem Wahrnehmungen nicht weiterverarbeitet werden, sondern sich der eigenen Wahrnehmung neugierig, offen und akzeptierend zugewendet wird. Außerdem betrachten Bishop et al. Achtsamkeit als einen Prozess, bei dem man Einblicke in die Natur des eigenen Geistes bzw. der eigenen Psyche gewinnen kann, indem man aus einer nicht-zentralen Perspektive auf aufkommende Gedanken und Gefühle blickt, sodass man deren Subjektivität und Vergänglichkeit erfahren kann. Die Autoren betrachten Achtsamkeit als Fertigkeit, die durch Übung verbessert werden kann. Gleichzeitig sehen die Autoren Achtsamkeit mehr als Zustand als eine Disposition an, weil sie davon abhängig ist, dass die Aufmerksamkeit reguliert und gleichzeitig ein Zustand der Offenheit für Erfahrungen erzeugt wird. Solange die Aufmerksamkeit auf diese Weise aufrechterhalten wird, bleibt auch die Achtsamkeit erhalten. Schweift die Aufmerksamkeit ab, vermindert sich auch die Achtsamkeit. Da die Achtsamkeitsdefinition von Bishop und Kollegen die Selbstregulationskomponente miteinbezieht, wird sie in der vorliegenden Arbeit als Basisdefinition verwendet.

Achtsamkeit wird in der psychologischen Forschung sowohl als vorübergehender Zustand (*state*) konzeptualisiert (Brown & Ryan, 2003; siehe auch Lau et al., 2006) auch als *trait*, also als zeitlich stabile Eigenschaft (Brown & Ryan, 2003); siehe auch Baer, Smith, Hopkins, Krietemeyer & Toney, 2006). Es gibt Hinweise darauf, dass achtsamkeitsbasierte Interventionen auch zu einer Zunahme der trait-Achtsamkeit führen (Kiken, Garland, Bluth, Palsson & Gaylord, 2015), Achtsamkeit also trainierbar ist (Aikens et al., 2014). Übt sich eine Person regelmäßig in Achtsamkeit, wird Achtsamkeit nach und nach zu einer Eigenschaft dieser Person. Trait-Achtsamkeit wiederum ist Studien zufolge positiv mit subjektivem Wohlbefinden korreliert (Carmody et al., 2008; Cavanagh et al., 2013; Gu et al., 2015; Shapiro, Oman, Thoresen, Plante & Flinders, 2008).

Shapiro und Carlson (2011) differenzieren Achtsamkeit weiter in *achtsames Gewahrsein* und *achtsame Praxis:* Achtsames Gewahrsein beschreibt das Präsentsein im Augenblick und die Freiheit von automatischen Reaktionen und Konditionierungen. Achtsame Praxis beschreibt das systematische Üben intentionaler und offener Aufmerksamkeit, also die bewusste Entwicklung der Fähigkeit zur Aufrechterhaltung und Lenkung der Aufmerksamkeit, sowie der Fähigkeit, weniger automatisch auf Reize zu reagieren. Auch die Verbesserung des Urteilsvermögens oder größeres Mitgefühl für andere Menschen können Ziel der achtsamen Praxis sein. Ein weiterer möglicher Bestandteil kann zum einen das Erkennen des Konzeptes des eigenen Ichs und zum anderen die Loslösung von diesem Konzept (s.u.) sein.

Aus dieser Differenzierung ergibt sich die Definition von Achtsamkeit als „[...] jenes Gewahrsein, das dadurch entsteht, dass man absichtsvoll auf eine offene, umsichtige und nicht urteilende Art aufmerksam ist." (Shapiro et al., 2011, S. 23). Mit Achtsamkeit, so die Autoren, besteht keine Notwendigkeit, die eigenen Erfahrungen zu verändern. Erfahrungen werden einfach wahr- und angenommen. Auf diese Weise kann erkannt werden, dass angenehme wie unangenehme Empfindungen gleichermaßen unbeständig sind und dass Erfahrungen nicht reflexartig bewertet werden müssen. Lernt man, Erfahrungen wertfrei anzunehmen, kann auf innere und äußere Erfahrungen adaptiver reagiert werden, weil sich das Handlungsrepertoire erweitert.

Martin (1997, 291 f.) stellt in seiner Definition der Achtsamkeit die mit dem Perspektivenwechsel einhergehende Freiheit in den Vordergrund:

> I define mindfulness as a state of psychological freedom that occurs when attention remains quiet and limber, without attachment to any particular point of view. Mindfulness is a process of looking freshly, of observation that is essentially nonbiased and

ISÖ
Institut für
Sozialökologie

exploratative [sic!]. It brings about an interval of time within which habits of meaning, thought, behavior, or emotion are suspended, reconsidered.

Hier wird die Vergrößerung des Handlungsspielraums durch die Loslösung von der eigenen Perspektive und die Unterbrechung der gewohnheitsmäßigen bzw. automatischen Reaktionen betont, die der Autor als psychische Freiheit beschreibt. Auf diesen Aspekt wird im folgenden Abschnitt noch einmal genauer eingegangen.

2.2.2 Wirkfaktoren der Achtsamkeit

Harrer und Weiss (2016) gehen davon aus, dass die positive Wirkung von Achtsamkeit auf das Wohlbefinden der Praktizierenden über verschiedene Mechanismen vermittelt wird. Sie nennen unter anderem (S. 53):

- Aufmerksamkeitssteuerung
- Disidentifikation
- Akzeptanz, Gleichmut und Selbstmitgefühl
- Lernen durch neue Erfahrungen
- Bedeutungs- und Sinngebung
- Differenzieren und Integrieren

Die Autoren nehmen an, dass Achtsamkeitstraining die Aufmerksamkeitsleistung verbessert, indem die Aufmerksamkeit bewusster gelenkt und ausdauernder aufrechterhalten wird. Außerdem wird die genauere und intensivere Wahrnehmung eines Gegenstandes trainiert. Martin (1997, 2002) unterscheidet zwei Arten der Aufmerksamkeit: die *offene Aufmerksamkeit* und die *fokussierte Aufmerksamkeit*. Die offene Aufmerksamkeit stellt eine Art Vogelperspektive dar, bei der es darum geht sich einen Überblick (auch über alternative Perspektiven und Reaktionsmöglichkeiten) zu verschaffen. Die fokussierte Aufmerksamkeit soll das konzentrierte Arbeiten an bestimmten Aspekten der Wahrnehmung (etc.) ermöglichen.

Geht man davon aus, dass Achtsamkeitstraining beide Formen der Aufmerksamkeit trainiert, sollte es erleichtern, Erfahrungen aus anderen Perspektiven zu betrachten. Dies bezeichnen Shapiro und Carlson (2011) als Neuwahrnehmung oder *Reperceiving*. Diese Begriffe werden im Verlauf dieses Kapitels noch einmal vertiefend betrachtet.

Achtsamkeit ist ein integraler Bestandteil verschiedener empirisch bewährter Therapieansätze, wie beispielsweise der Akzeptanz- und Commitment Therapie (ACT; Wersebe, Lieb,

Meyer, Hofer & Gloster, 2018), der Mindfulness-Based Cognitive Therapy for Depression (MBCT; Pleger, Schade, Diefenbacher & Burian, 2014), der Mindfulness-Based Relapse Prevention (MBRP; Mundle, Bowen, Heinz & Kienast, 2014; (Witkiewitz, Marlatt & Walker, 2005)) sowie der Mindfulness-Based Stress Reduction (MBSR; (Khoury, Sharma, Rush & Fournier, 2015). Für einen Überblick siehe auch Didonna (2009).

In der *Mindfulness-Based Cognitive Therapy* (MBCT) wird zwischen *Doing* und *Being Mode* unterschieden (Williams, 2008). Der Doing Mode wird immer dann aktiviert, wenn die betreffende Person bemerkt, dass etwas nicht so ist, wie sie es gerne hätte, also ein Soll-Ist-Vergleich nicht zufriedenstellend ausfällt. Die empfundene Diskrepanz zwischen Soll- und Ist-Wert wird als unangenehm empfunden, wodurch Automatismen mentaler Art aktiviert werden, die eine Verringerung dieser Diskrepanz herbeiführen sollen. Planen, Antizipieren, das Setzen von Zielen, Bewertungen von Erfahrungen, Benennen, Vergleichen und Erinnern oder das (gedankliche) Vermeiden bestimmter Erfahrungen sind Aktivitäten, die dem Doing Mode zugeschrieben werden. Gelingt es dem Individuum durch eine dieser Aktivitäten, die Diskrepanz zu reduzieren, wird der Doing Mode verlassen. Gelingt es nicht, bleibt er aktiv und das Individuum erlebt weiterhin Gefühle von Ohnmacht, Erfolglosigkeit und Unzufriedenheit. Der Being Mode ist im Gegensatz zum Doing Mode nicht konzeptuell, sondern erfahrungsbezogen, perzeptuell und sensorisch.

Williams (2008) unterstreicht den Umstand, dass schon die Aktivierung des Doing Mode die Diskrepanz noch weiter erhöhen kann. Er führt folgendes Beispiel an: Fragt sich eine Person, wie sie sich gerade fühlt (Ist) und wie sie sich gern fühlen möchte (Soll) und stellt sie dabei eine Diskrepanz fest, so kann schon die Wahrnehmung dieser Diskrepanz zu Stress und damit zu einer noch größeren Diskrepanz zwischen Ist- und Soll-Wert führen. Williams nimmt an, dass Achtsamkeit dabei hilft, zu erkennen, in welchem Modus man sich befindet, sodass der Being Mode bewusst entwickelt werden und eine Balance zwischen Doing und Being Mode erreicht werden kann. So postuliert Kabat-Zinn (2015), dass entweder Achtsamkeit oder Unachtsamkeit kultiviert wird und dass Personen, die sich nicht in Achtsamkeit üben, durch das Trainieren der Unachtsamkeit eben diese perfektionieren.

Shapiro und Carlson (2011) betrachten die Neu-Wahrnehmung (Reperceiving) als zentrales Element der Achtsamkeitspraxis und als „Meta-Wirkmechanismus" (S. 150), der den folgenden Wirkmechanismen übergeordnet ist und diese erst ermöglicht:

- Selbstregulation
- Werteklärung
- Flexibilität auf emotionaler, kognitiver und behavioraler Ebene
- Reizkonfrontation

Die Autoren nehmen weiter an, dass sich diese Mechanismen gegenseitig unterstützen und beeinflussen. Im Folgenden sollen die weiter oben genannten Begriffe näher erläutert werden.

Die durch den Perspektivenwechsel ermöglichte Neuwahrnehmung ist durch die Zunahme der „Fähigkeit zur Objektivierung der inneren und äußeren Erfahrungen" (S.154) charakterisiert. Durch die intentionale Fokussierung auf die Erfahrung selbst kommt es zur Einnahme einer Metaperspektive und somit zur *Disidentifikation*. Disidentifikation stellt eine fundamentale Veränderung der Beziehung der praktizierenden Person zu ihren Gedanken und Gefühlen dar. Betrachtet die betreffende Person beispielsweise ein aufkommendes Gefühl wie Ängstlichkeit nicht mehr als etwas, das ihre eigene Persönlichkeit ausmacht, sondern vielmehr als einen vergänglichen emotionalen Zustand, so kann mit der Erfahrung des als unangenehm erlebten emotionalen Zustands objektiver und gelassener umgegangen werden. Dies begründen Hayes, Wilson und Strosahl (2014) mit einer Veränderung des Selbstgefühls im Sinne einer zunehmenden psychischen Flexibilität. Shapiro et al. (2011, S. 255) postulieren, dass diese Veränderung deshalb auftritt, weil die Achtsamkeitspraxis dazu führt, dass das Selbst als ein psychisches Konstrukt erkannt wird, das aus sich ständig wandelnden „Konzepten, Vorstellungen, Empfindungen und Überzeugungen" besteht.

Inwiefern der Meta-Wirkmechanismus der Neu-Wahrnehmung die einzelnen Wirkmechanismen beeinflusst, soll nun im Einzelnen betrachtet werden.

Selbstregulation

Das Verstehen darüber, welchen Nutzen Gefühle haben, kann nach Harrer und Weiss (2016) dabei helfen, Gefühle besser zu akzeptieren und die durch sie übermittelten Informationen besser zu verstehen.

Die Fähigkeit zur Emotionsregulation kann einerseits als Folge von verschiedenen Wirkkomponenten (Aufmerksamkeitssteuerung, Diskidentifikation, Akzeptanz) betrachtet werden. Andererseits stellt sie selbst ein wesentliches Wirkprinzip der Achtsamkeit dar (Harrer & Weiss, 2016). Zudem werden die beiden entscheidenden Aspekte der Emotionsregulation, nämlich

ISÖ
Institut für
Sozialökologie

Toleranz gegenüber unangenehmen Reizen und Nicht-Reaktivität, durch Achtsamkeitspraxis trainiert.

Reperceiving kann dazu beitragen, die Fähigkeit zur Selbstregulation zu verbessern (Brown, Bravo, Roos & Pearson, 2015; Shapiro et al., 2011). Zum einen, weil sie die Disidentifikation und damit einen gelassenen Umgang mit Erfahrungen unterstützt, zum anderen, weil durch Disidentifikation und Gelassenheit auch die Toleranz gegenüber unangenehmen Erfahrungen zunimmt. Zudem eröffnen sich durch die beobachtende Haltung neue und größere Handlungs- spielräume, da keine Notwendigkeit besteht, sofort zu reagieren. Vielmehr ist das Ziel der Acht- samkeitspraxis, mithilfe bewusster Wahrnehmung, Aufmerksamkeit und akzeptierender Hal- tung adäquate Bewältigungsstrategien zu entwickeln und eine besonnene Reaktion zu errei- chen.

Forschungsergebnisse belegen einen positiven Zusammenhang zwischen selbstberichteter Achtsamkeit und der Fähigkeit zur Selbstregulation von Emotionen und Verhalten (Brown & Ryan, 2003) und geringerer Impulsivität sowie einer weniger negativen Bewertung der eigenen Vergangenheit (Wittmann et al., 2014).

Werteklärung

Es ist anzunehmen, dass Handeln, das mit den eigenen Werten und Interessen in Einklang steht, auch eher den eigenen Bedürfnissen entgegenkommt und somit als Faktor betrachtet werden kann, der dem Wohlbefinden dienlich ist. Brown und Ryan (2003) konnten in ihren For- schungsarbeiten zeigen, dass achtsame Personen eher solche Verhaltensweisen zeigen, die ihren Werten und Interessen entsprachen. Die Autoren schlussfolgern daraus, dass offenes und intentionales Gewahrsein dabei hilft, Handlungsweisen auszuwählen, die mit den eigenen Werten, Bedürfnissen und Interessen kongruent sind (Brown & Ryan, 2003; Ryan & Deci, 2000).

Kognitive, emotionale und Verhaltensflexibilität

Neu-Wahrnehmung ermöglicht, dass vorhandene unflexible und automatische Reaktionsmus- ter aufgelöst und durch neue, flexible und adaptivere Reaktionsmöglichkeiten ersetzt werden. Durch die bewusste Wahrnehmung der kognitiven Filter (siehe Abschnitt 2.2.3.) werden Per- spektivenwechsel und Neu-Wahrnehmung erleichtert, was die Disidentifikation fördert. Dies wiederum erleichtert es, auf bestimmte Reize nicht mehr automatisch zu reagieren, sodass ein größerer Handlungsspielraum sowohl auf kognitiver als auch auf behavioraler Ebene ermög- licht wird. Diese Annahme wird beispielsweise durch die Forschungsergebnisse von Kiken und

ISÖ
Institut für
Sozialökologie

Shook (2012) gestützt. Bei Martin (1997) findet man eben diese Flexibilität sogar als Kernelement der Achtsamkeit (siehe S. 26).

Diese Freiheit, zwischen unterschiedlichen Perspektiven wählen und die Flexibilität, trotz der unter Umständen getroffenen Wahl einer bestimmten Perspektive, noch andere Perspektiven wahrnehmen zu können erläutert Martin (2002) mit der Wahrnehmung der Rubinschen Vase: je nach Perspektive sieht man hier eine Vase oder das Profil zweier Gesichter, die sich ansehen.

Reizkonfrontation

Die kognitive Verhaltenstherapie geht unter anderem von der Annahme aus, dass Vermeidungsverhalten einen wesentlichen Beitrag zur Entstehung und Aufrechterhaltung von psychischen Erkrankungen leistet. Shapiro und Carlson (2011) nehmen an, dass sich Neu-Wahrnehmung hemmend auf die Tendenz auswirkt, unangenehme oder emotional schwierige Situationen vermeiden zu wollen. Auf diese Weise kommt es den Autoren zufolge zur vermehrten Reizkonfrontation, wobei die imaginierten katastrophalen Folgen in der Regel ausbleiben. Durch die daraus resultierende Abnahme der Bedrohlichkeit des Reizes besteht die Möglichkeit, dass Vermeidungsreaktionen langfristig nicht mehr auftreten.

2.2.3 Das Modell achtsamer Praxis nach Shapiro und Carlson (2011)

Shapiro und Carlson entwickelten im Jahr 2011 ein Modell der Achtsamkeit, das aus drei Kernelementen besteht: Absicht, Aufmerksamkeit und Haltung. Die Autoren nehmen diese Kernelemente als miteinander korrelierende und sich wechselseitig beeinflussende Aspekte eines zyklischen Prozesses an.

Die Absicht, mit der eine Achtsamkeitspraxis zunächst begonnen wird, verändert sich mit zunehmender Meditationserfahrung. Mackenzie, Carlson, Munoz und Speca (2007) konnten zeigen, dass Meditationsanfänger häufig die Absicht haben, ihre Selbstregulierung, ihr Stress- und Anspannungsmanagement zu verbessern. Mit Fortschreiten ihrer Meditationspraxis verlagern sich die Absichten hin zu persönlichem Wachstum und Spiritualität.

„[...] die Vorgänge der inneren und äußeren Erfahrung von Augenblick zu Augenblick zu beobachten" definieren Shapiro und Carlson (2011, S. 31) als Aufmerksamkeit. Die praktizierende Person soll sich darin üben, sich ausschließlich mit der Erfahrung und nicht mit der Interpretation der Erfahrung auseinanderzusetzen. Auf diese Weise soll eine anhaltende, tiefe

ISÖ
Institut für
Sozialökologie

25

Aufmerksamkeit entstehen. Es geht darum, die kognitiven Filter, durch die jeder Mensch die Welt um sich wahrnimmt und die zu Verzerrungen oder Einfärbungen der Wahrnehmung führen können (Borkovec, 2002; Brown & Cordon, 2009), bewusst wahrzunehmen und ihren Einfluss zu reduzieren. Je nach Einstellung oder Stimmung kann so bei der Betrachtung einer Situation Hoffnung, Frustration oder Angst entstehen.

Um die angestrebte Haltung, die Praktizierende während des aufmerksamen Beobachtens einnehmen sollten, zu beschreiben, verwendet Siegel (2007b, 2007a) das Akronym COAL, um jene Haltung zu beschreiben, die während des aufmerksamen Beobachtens wünschenswert ist: Curiosity (Neugier), Openness (Offenheit), Acceptance (Akzeptanz) und Love (Liebe). Mit dieser Haltung soll bewirkt werden, dass innere und äußere Erfahrungen langfristig weniger bewertet und verurteilt, ergänzt oder ersetzt werden, sondern jede Erfahrung eben mit Neugier, Offenheit, Akzeptanz und Liebe angenommen wird. Dies beinhaltet auch, dass Widerstand gegenüber unangenehmen und Streben nach angenehmen Erfahrungen abgebaut und die Vergänglichkeit von Erfahrungen allgemein akzeptiert wird.

Shapiro et al. (2011) ergänzen die Aspekte von Siegel (2007b) noch um einige weitere:

- Unvoreingenommenheit
- Nichtstreben
- Nicht-Anhaften
- Annahme
- Geduld
- Vertrauen
- Sanftmut
- Freundlichkeit
- Wohlwollen
- Besonnenheit

Zusammenfassend geht es beim Aspekt der Haltung nicht darum, die Erfahrungen zu verändern, sondern die Beziehung zu den Erfahrungen zu modifizieren bzw. überhaupt eine Beziehung zu den Erfahrungen aufzubauen.

2.3 Perfektionismus

In den 1990er Jahren entwickelten zwei Forscherteams multidimensionale Modelle zur Erfassung von Perfektionismus: Frost, Marten, Lahart und Rosenblate (1990) entwickelten ein Modell, das Perfektionismus auf 6 Dimensionen erfasste (personal standards, concern over mistakes, doubts about actions, parental expectations, parental criticism, organization); Hewitt und Flett (1990, 1991) hingegen unterschieden drei Arten von Perfektionismus (Self-Oriented Perfectionism, Other-Oriented Perfectionism und Socially-Prescribed Perfectionism). Allerdings konnten Frost, Heimberg, Holt, Mattia und Neubauer (1993) zeigen, dass sich die insgesamt 9 Dimensionen beider Modelle auf zwei Faktoren zurückführen lassen (Zwei-Faktoren Modell). Die erste Dimension („positive striving") korreliert positiv mit positivem Affekt und kombiniert personal standards, organization und self-oriented perfectionism; die zweite („maladaptive evaluation concern") korreliert positiv mit negativem Affekt und kombiniert concern over mistakes, doubts about actions, parental expectations, parental criticism und socially prescribed perfectionism. Einige Dimensionen konnten bisher nicht eindeutig dem 2-Faktoren Modell zugeordnet werden: Other-Oriented Perfectionism, elterliche Erwartungen, elterliche Kritik und Organisation. Other-Oriented Perfectionism bezieht sich nicht auf die Person selbst, sondern beschreibt lediglich, dass die Person perfektionistische Ansprüche an andere Personen hat. Bei den Dimensionen elterliche Erwartungen und elterliche Kritik handelt es sich nach Stoeber (2018a) mehr um Entstehungsbedingungen von Perfektionismus als um Definitionskriterien. Hinsichtlich der Dimension Organisation konnten Kim, Chen, MacCann, Karlov und Kleitman (2015) zeigen, dass diese besser als eigener (dritter) Faktor in das Modell aufgenommen werden sollte.

2.3.1 Definition

Es existieren verschiedene Definitionen von Perfektionismus und bis heute konnte keine Einigung auf eine Definition des Konstrukts erzielt werden. Hamachek (1978) schlägt vor, zwischen einer adaptiven („Normaler Perfektionismus") und einer maladaptiven Form des Perfektionismus („Neurotischer Perfektionismus") zu unterscheiden. Auch Slade und Owens (1998) differenzieren in ihrem dualen Prozessmodell des Perfektionismus zwischen einer normalen und einer pathologischen Form des Perfektionismus.

2.3.2 Perfektionismus in der Forschung

Hewitt und Flett (1991) gehen davon aus, dass der Zusammenhang zwischen Perfektionismus und Psychopathologie darauf basiert, dass äußerst hohe Standards gesetzt werden und eine hohe Motivation besteht, Perfektion zu erreichen. Fehlern wird den Autoren zufolge deshalb viel Bedeutung beigemessen. Außerdem betonen die Autoren, dass diese Eigenschaften in Verbindung mit permanenter übermäßiger Selbstkritik und der Tendenz zum Alles-oder-Nichts-Denken (s.o.) dazu führt, dass ein Ergebnis entweder als ein vollkommener Erfolg oder ein totaler Misserfolg bewertet wird (siehe auch Burns, 1980).

Ähnlich wie Hamachek geht auch Spitzer (2016) davon aus, dass das Problem bei Perfektionismus weniger das Streben nach exzellenter Leistung und Perfektion ist, sondern die damit einhergehende übermäßig kritische Bewertung des eigenen Handelns. Spitzer merkt außerdem an, dass Perfektionismus sich nicht nur dann maladaptiv auswirken kann, wenn eine Diskrepanz zwischen den übermäßig hohen Maßstäben und der tatsächlich erreichten oder zu erreichenden Leistungen wahrgenommen wird oder tatsächlich besteht. Maladaptiv könne sich auch das Erreichen von übermäßig hohen Maßstäben auswirken, da eigene Bedürfnisse und Lebensbereiche unter Umständen vernachlässigt würden. Zudem seien nicht nur die übermäßig hohen Ansprüche an sich selbst der kritische Punkt, sondern auch, dass diese so rigide verfolgt würden. Gestützt werden diese Befunde beispielsweise von Stoeber und Yang (2010), die Belege dafür fanden, dass Personen mit perfektionistischen Bestrebungen zwar mehr Zufriedenheit und Stolz erleben als Nicht-Perfektionisten, aber nur dann, wenn sie ein perfektes Ergebnis erzielen.

Viele Forschungsarbeiten belegen einen Zusammenhang zwischen Perfektionismus und psychopathologischen Symptomen wie pathologischen Sorgen (Handley et al., 2014), Essstörungen (Donahue, Reilly, Anderson, Scharmer & Anderson, 2018; Goldner, Cockell & Srikameswaran, 2002; Johnston et al., 2018; Sassaroli et al., 2008), Depressionen (Frost & DiBartolo, 2002; Kawamura, Hunt, Frost & DiBartolo, 2001; Smith et al., 2016; Smith, Saklofske, Yan & Sherry, 2017; Smith et al., 2018), Angst- (Altan-Atalay, 2018; Gautreau, Sherry, Mushquash & Stewart, 2015; Gnilka, Ashby & Noble, 2012; Kawamura, et al., 2001; Klibert, Lamis, Naufel, Yancey & Lohr, 2015; Smith et al., 2017) und Zwangsstörungen (Frost & Steketee, 1997; Frost & DiBartolo, 2002; Rhéaume, Freeston, Dugas, Letarte & Ladouceur, 1995; Sassaroli et al., 2008).

ISÖ
Institut für
Sozialökologie

Hamachek (1978) unterscheidet zwischen Personen, die hohe Standards hinsichtlich ihrer eigenen Leistungen setzen, aber auch bei kleineren Abweichungen (Fehlern) ein Gefühl von Erfolg erleben (*normaler bzw. funktionaler Perfektionismus*). Diesen stellt Hamachek solche Personen gegenüber, die zwar ebenfalls hohe Standards setzen, bei denen jedoch bei kleinsten Abweichungen vom Ziel das Gefühl aufkommt, den eigenen Standards nicht zu genügen (*neurotischer bzw. dysfunktionaler Perfektionismus, „Alles-oder-Nichts-Denken"*). Diese mangelnde Fehlertoleranz wird auch als *concern over mistakes* (Frost et al., 1990) oder *Fehlersensibilität* (Altstötter-Gleich & Bergemann, 2006) bezeichnet. Ähnlich ist die Unterscheidung zwischen *Perfectionistic Striving* (PS, Facette des Perfektionismus, die mit positiven Charakteristika assoziiert ist) und *Perfectionistic Concern* (PC, assoziiert mit negativen Charakteristika) nach Stoeber und Otto (2006). Im Folgenden werden die Begriffe adaptiver Perfektionismus und Perfectionistic Striving sowie maladaptiver Perfektionismus und Perfectionistic Concern synonym verwendet.

Allerdings zeigen Forschungsarbeiten, dass Perfektionismus nicht ausschließlich mit negativen Outcome-Variablen verbunden ist. So kommen Smith und Kollegen (2015) zu dem Ergebnis, dass Perfectionistic Striving mit emotionaler Intelligenz korreliert und dass der Zusammenhang zwischen hohen Standards und Lebenszufriedenheit vollständig über emotionale Intelligenz mediiert wird. Außerdem fanden Stoeber, Harris und Moon (2007) in ihrer Untersuchung heraus, dass Personen mit hohen Werten auf der Skala Perfectionistic Striving weniger Scham und Schuld und mehr Stolz erleben als solche mit niedrigen Werten auf der o.g. Skala.

Hier wird ersichtlich, dass nicht nur die Art oder Kombination der vorherrschenden Perfektionismus-Facetten einen Einfluss darauf hat, ob sich Zusammenhänge mit psychopathologischen Symptomen auftun, sondern auch, welche anderen Persönlichkeitseigenschaften vorhanden sind und wie diese mit Perfektionismus in Interaktion treten. Da Achtsamkeitstrainings das Ziel haben, die „Anhaftung" (beispielsweise an ein persönliches Ziel) zu reduzieren, könnten sie dabei unterstützen, die Flexibilität des Verhaltens aufrechtzuerhalten. Möglicherweise gelingt dies auch durch den Aufschub der Reaktion auf einen Reiz und den vergrößerten Abstand, mit dem eigene Empfindungen und Gedanken wahrgenommen und beobachtet werden.

2.4 Zusammenhänge von Achtsamkeit, Perfektionismus und Umgang mit Fehlern

Es gibt einige Forschungsarbeiten, die den Zusammenhang zwischen Perfektionismus, Emotion und Motivation und Umgang mit Fehlern untersuchen. Auf Seiten der Achtsamkeitsforschung existieren dagegen Studien, deren Fokus auf dem Zusammenhang von Achtsamkeit und Perfektionismus oder Achtsamkeit und Emotionsregulation liegt. Dieses Kapitel soll einen kurzen Überblick über die Forschungslage geben und die Ergebnisse der genannten Forschungsrichtungen verknüpfen. Auf dieser Verknüpfung aufbauend werden abschließend die Forschungsfragen der vorliegenden Arbeit vorgestellt.

2.4.1 Perfektionismus und Umgang mit Fehlern und Scheitern

Stoeber, Damian und Madigan (2018) gehen von der Annahme aus, dass die Betrachtung von Perfektionismus aus motivationaler Perspektive besonders gewinnbringend ist. Nur wenn man Perfektionismus aus motivationaler Perspektive oder ihn sogar als Motiv, als Bedürfnis nach Perfektion, betrachte, könne verstanden werden, warum er manche Personen aktiviere und andere lähme (adaptive vs. maladaptive Regulierung). Die Autoren gehen davon aus, dass ein zentrales motivationales Modell im Zusammenhang mit Perfektionismus die Leistungsmotivation ist. Diese umfasst Leistungsmotive (Hoffnung auf Erfolg versus Angst vor Misserfolg) und Leistungsziele. Nimmt man die Idee auf, Perfektion als Motiv zu betrachten, ist anzunehmen, dass Perfektionisten zum einen häufiger Misserfolge erleben, weil sie ihre hohen Standards nicht erreichen oder schon kleine Abweichungen vom gesetzten Standard als Misserfolg empfinden, zum anderen aber möglicherweise auch intensiver auf Misserfolg reagieren, weil es ihnen ein Bedürfnis ist, vollkommene Ergebnisse zu erzielen. Es gibt einige Studien, die den Zusammenhang zwischen Perfektionismus und Umgang mit Fehlern und Misserfolg untersuchen. Beispielsweise belegen die Ergebnisse der Untersuchungen von Besser, Flett und Hewitt (2004) sowie Campbell und Di Paula (2002), dass Menschen, die sich sehr hohe Ziele setzen, auf Misserfolge mit mehr negativem Affekt reagieren als andere.

Nach Stoeber und Kollegen (2018) lässt sich der Zusammenhang zwischen Perfektionismus und adaptiver und maladaptiver Regulierung insbesondere auch in der zweidimensionalen Beziehung zwischen Perfektionismus und Motivation zeigen. Dabei bildet das 2-Faktoren Modell (Perfectionistic Striving, PS, und Perfectionistic Concern, PC) die Basis des 2x2 Modells des

ISÖ
Institut für
Sozialökologie

Perfektionismus. Das Modell geht von der Annahme aus, dass innerhalb einer Person beide Faktoren des Perfektionismus vorhanden und unterschiedlich stark ausgeprägt sein können (hoch vs. niedrig). Wie adaptiv die psychische Anpassung ausfällt, hängt demzufolge davon ab, wie die einzelnen Faktoren ausgeprägt sind.

Wie adaptiv mit Misserfolgen umgegangen wird, hängt auch vom bestehenden Attributionsstil ab (Flett, Hewitt, Blankstein & Pickering, 1998). Brown und Kollegen (1999) konnten zeigen, dass Personen, die sich hohe Standards setzen und diese auch erreichen, diesen Erfolg auch ihren eigenen Fähigkeiten zuschreiben (internale Attribution). Das Erreichen des eigenen hohen Standards motiviert diese Personen außerdem, weiterhin hochgesteckte Ziele zu verfolgen. Demgegenüber tendieren Personen mit ausgeprägter Fehlersensibilität dazu, Misserfolge und Fehler auf eigene Schwächen zurückzuführen. Dies führt zwar einerseits dazu, dass sich die Motivation, das gesetzte Ziel zu erreichen, erhöht, aber zusätzlich erleben diese Menschen oft mehr Ängstlichkeit und andere negative Affekte. Auch die Forschungsergebnisse von Neumeister (2004) belegen einen Zusammenhang zwischen Perfektionismus und der Art der Attribution von Erfolg und Misserfolg. Tracy und Robins (2006) fanden heraus, dass die Art der Attribution mit den erlebten Emotionen zusammenhängt. So reagieren Personen, die einen Misserfolg internal, stabil und unkontrollierbar attribuieren eher mit Scham als Personen mit anderen Attributionsmustern.

Es gibt nach Stoeber (2018a) einige Studien, die den Zusammenhang zwischen PS und PC untersucht haben (Bong, Hwang, Noh & Kim, 2014; Damian, Stoeber, Negru & Băban, 2014; Kim et al., 2015; Shih, 2013). Auch nach der Kontrolle der Überlappung zwischen PS und PC zeigt sich ein positiver Zusammenhang sowohl zwischen PS mit Leistungsannäherungszielen als auch zwischen PC und Leistungsannäherungszielen. Die Ergebnisse für PS und Leistungsvermeidungsziele sind uneindeutig, wohingegen PC positiv mit Leistungsvermeidungszielen korreliert (siehe Stoeber et al., 2018). Die Studien legen außerdem nahe, dass PS positiv mit Bewältigungsannäherungszielen korreliert ist (siehe auch Mofield, Parker Peters & Chakraborti-Ghosh, 2016), wohingegen sich kein Zusammenhang zwischen PC und Bewältigungsannäherungszielen finden ließ. Umgekehrt scheint es einen positiven Zusammenhang zwischen PC und Bewältigungsvermeidungszielen, aber keinen Zusammenhang zwischen PS und Bewältigungsvermeidungszielen zu geben. Die Ergebnisse der oben genannten Studien basieren allerdings fast alle auf Stichproben von Jugendlichen, die Übertragbarkeit der Befunde auf Erwachsene sollte demnach nur mit Vorsicht vorgenommen werden.

Die Befunde verschiedener Forschungsarbeiten legen nahe, dass der Zusammenhang zwischen Perfektionismus und psychopathologischen Symptomen zumindest teilweise durch unzureichende Emotionsregulationsfähigkeiten mediiert wird (Castro et al., 2017; Hill & Davis, 2014; Macedo et al., 2017; Moroz & Dunkley, 2018). Insbesondere maladaptiver Perfektionismus wird mit Defiziten bei der Regulation von Emotionen in Zusammenhang gebracht (Richardson, Rice & Devine, 2014). So fanden Chester, Merwin und DeWall (2015) in ihrer Studie heraus, dass maladaptiver Perfektionismus mit vermehrt aggressivem Verhalten gegenüber Dritten assoziiert ist und dieser Zusammenhang über die Emotionsregulationsfähigkeit vermittelt wird. Außerdem weisen Studienergebnisse darauf hin, dass maladaptiver Perfektionismus in Leistungssituationen auch mit Vermeidungsverhalten (Santanello & Gardner, 2007; Weiner & Carton, 2012) und geringer Akzeptanz gegenüber Erfahrungen des Scheiterns (van der Kaap-Deeder et al., 2016) verknüpft ist. Weiner und Carton (2012) konnten außerdem belegen, dass der vermeidende Umgang mit stressauslösenden Situationen den Zusammenhang zwischen maladaptivem Perfektionismus und Testängstlichkeit mediiert. Die Perfektionismus-Facette Hohe Standards scheint nicht mit Vermeidungsverhalten und Testängstlichkeit assoziiert zu sein (Moroz & Dunkley, 2018; Weiner & Carton, 2012). Dabei ist die Forschungslage hinsichtlich der affektiven Reaktionen von Personen mit hohen Standards auf negatives Feedback im Hinblick auf ihre Leistung uneindeutig. So fanden Besser, Flett, Hewitt und Guez (2008) Belege dafür, dass sowohl adaptiver als auch maladaptiver Perfektionismus mit vermehrtem negativen Affekt nach negativem Feedback assoziiert ist. Dieser Befund stützt die These von Hewitt und Flett (1990, 1991), dass Perfektionismus grundsätzlich als Vulnerabilitätsfaktor für psychopathologische und andere pathologische Symptome betrachtet werden kann. Stoeber, Schneider, Hussain und Matthews (2014) konnten jedoch Hinweise darauf finden, dass perfektionistisches Streben nur bei wiederholtem Scheitern zu vermehrt negativem Affekt führt, bei einzelnen Rückschlägen jedoch nicht. Die Autoren schlussfolgern, dass Perfektionismus, der mit hohen Ansprüchen und Selbstkritik einhergeht, zwar immer noch als Vulnerabilitätsfaktor betrachtet werden muss, jedoch mit adaptiveren Reaktionen auf Scheitern einhergeht als Perfektionismus, der auf interpersonaler Ebene anzusiedeln ist (z.B. Sorge, dass Fehler zu weniger Akzeptanz bei anderen führt). Des Weiteren postulieren Stoeber und Otto (2006) dass Menschen mit adaptivem Perfektionismus in bestimmten Situationen auch adaptiver reagieren als Nichtperfektionisten. Hier stellt sich die Frage, ob sich die Perfektionismus-Facetten Hohe Standards und Fehlersensibilität – jeweils als Repräsentanten des adaptiven und maladaptiven Perfektionismus – darauf auswirken, wie adaptiv Individuen mit Situationen umgehen, in der sie einen Fehler machen oder die sie als Scheitern erleben.

Ein weiterer Aspekt von Perfektionismus sind perfektionistische Kognitionen. Dabei handelt es sich um automatische Gedanken, die sich darum drehen, dass man perfekt sein muss oder darum, dass man Angst hat, Perfektion nicht erreichen zu können (Flett et al.1998). Stoeber (2018) schlägt vor, perfektionistische Kognitionen als State-Elemente im Sinne der Differenzierung der Persönlichkeit von Cattell und Kline (1977) in Trait- und State-Elemente zu betrachten.

2.4.2 Motivation, Emotionen und Perfektionismus im Fehlerkontext

Emotionen spielen im Zusammenhang mit Reaktionen auf Fehler eine bedeutende Rolle. Im Folgenden sollen die Begriffe Emotion und Emotionsregulation näher betrachtet und ihre Bedeutung für die (adaptive) Reaktion auf Fehlersituationen herausgestellt werden.

Scherer (1981) betrachtet Emotionen als adaptiv, weil sie die unmittelbare Verknüpfung von Reiz und Reaktion entkoppeln und auf diese Weise die Flexibilität des Verhaltens erhöhen. Dies wird unter anderem dadurch erreicht, dass Emotionen zu einer unspezifischen Aktivierung führen, die eben nicht nur eine, sondern verschiedene Reaktionsmöglichkeiten vorbereiten. Dem Autor zufolge ermöglicht erst diese Entkopplung von Reiz und Reaktion, dass angemessen auf bestimmte Situationen reagiert werden kann. Emotionen kommt demnach eine handlungsvorbereitende Funktion zu (Eder & Brosch, 2017).

Die unangenehmen emotionalen Reaktionen, die im Allgemeinen mit Fehlern und Misserfolgen einhergehen, unterstützen den Aufbau *negativen Wissens*, also dem Wissen darüber, wie etwas nicht ist oder nicht funktioniert. Demzufolge dienen Emotionen durch ihre Signalfunktion sowohl dazu, das Überleben zu sichern, als auch das Erreichen von Zielen zu ermöglichen, die nicht unmittelbar erreicht werden können oder deren Verfolgung mit Frustrationen verbunden sein kann. Das wird möglich, indem ein angestrebter Zielzustand antizipiert und damit positiver Affekt erzeugt wird, der auch langfristiges zielgerichtetes Verhalten erlaubt.

Diese Emotionen dienen auch als moralischer Kompass, der normverletzendes Verhalten anzeigt. Die mit normabweichenden Handlungen verbundenen Emotionen wie Scham, Schuld oder Peinlichkeit nehmen Einfluss auf die Selbstbewertung eines Menschen (Tangney et al., 2007).

ISÖ
Institut für
Sozialökologie

Emotionen signalisieren, wie nah man einem angestrebten Zustand (Bedürfnisse, Ziele) ist. Hier zeigt sich eine Überlappung zum Bereich der Motivation und Motive. Emotionen dienen nach Kuhl (2018) als Signalgeber für das Vorhandensein von Diskrepanzen zwischen einem vorhandenen Ist- und einem angestrebten Sollwert. Je nach vorherrschenden Bedürfnissen und Motiven können sich die angestrebten Sollwerte mehr oder weniger stark unterscheiden. Beispielsweise könnte der angestrebte Sollzustand einer Person mit hohen Standards in Bezug auf die eigene Leistung die Fehlerfreiheit sein. Macht diese Person einen Fehler, entsteht eine Diskrepanz zwischen Ist- und Sollzustand, was positive Emotionen wie Stolz und Freude ausbleiben und negative Emotionen wie Angst oder Ärger auftreten lässt.

Die mit Fehlern einhergehenden negativen Emotionen unterstützen die Konstruktion negativen Wissens nur dann, wenn sie selbstwertrelevant sind. Dabei handelt es sich nach Oser und Spychiger (2005, S. 77–80) insbesondere um:

- Ärger: unmittelbare Reaktion darauf, dass die eigenen Ansprüche nicht erfüllt wurden;
- Scham: entsteht in sozialen Situationen, wenn ein Individuum vor anderen die eigenen oder die Ansprüche anderer nicht erfüllen kann; sie unterstützt den Aufbau Negativen Wissens nur, wenn sie die handelnde Person nicht zu sehr beschämt;
- Schuld: wenn die Situation eine moralische Komponente beinhaltet (Sach- oder Personenschaden);
- Angst: unterstützt den Aufbau negativen Wissens, wenn sie nicht zu stark ausgeprägt ist.

Emotionen haben in ihrer handlungsvorbereitenden Funktion einen großen Einfluss darauf, wie eine Person in einer bestimmten Situation reagiert. Da übermäßig starke Emotionen die Prozesse der Wahrnehmung, Interpretation und auch den Aufbau negativen Wissens stören können (Oser & Spychiger, 2005), ist gerade im Umgang mit Fehlern, aber auch in jeder sozialen Situation, die Regulation von Emotionen von großer Bedeutung. So konnten Perrone-McGovern, Simon-Dack, Beduna, Williams und Esche (2015) Belege dafür finden, dass ein Zusammenhang zwischen Perfektionismus und der Fähigkeit zur Emotionsregulation besteht: Den Ergebnissen der Studie zufolge korreliert adaptiver Perfektionismus positiv mit der Fähigkeit zur Emotionsregulation, maladaptiver Perfektionismus dagegen negativ. Außerdem fanden die Autoren einen positiven Zusammenhang zwischen adaptivem Perfektionismus und auch kognitiver Neubewertung und Wohlbefinden. Es ist denkbar, dass der Zusammenhang zwischen adaptivem Perfektionismus und Wohlbefinden teilweise durch die Fähigkeit erklärt werden kann, eigene Emotionen zu regulieren. Diese Annahme wird auch durch die Befunde

ISÖ
Institut für
Sozialökologie

von Aldea und Rice (2006) sowie Rice, Vergara und Aldea (2006) gestützt, die zeigen, dass maladaptiver Perfektionismus mit weniger adaptiver Emotionsregulation assoziiert ist, sodass unangenehme Gefühle intensiver oder länger erlebt werden. Richardson et al. (2014) konnten demgegenüber zeigen, dass adaptiver Perfektionismus mit effektiveren Copingstrategien zusammenhängt (siehe auch Abschnitt 2.4.1).

Emotionsregulation ermöglicht es, abhängig von individuellen Eigenschaften und Kontext, die eigenen Emotionen so zu beeinflussen, dass sie möglichst adaptiv sind. Durch die Entkopplung von Reiz und Reaktion kann eine gute Anpassung an die Umwelt, d.h. eine gewisse Flexibilität im Umgang mit einer Situation erreicht werden.

Adaptivität im Umgang mit Fehlern wurde erstmals von Dresel und Kollegen (2013) mithilfe eines Fragebogens als Trait erfasst. Die Autoren postulieren, dass sich die Adaptivität der Reaktionen auf Fehler in eine affektiv-motivationale und eine handlungsbezogene Komponente differenzieren lässt. Während sich die affektiv-motivationale Adaptivität auf die Aufrechterhaltung der Lernfreude und Regulation aufkommender negativer Affekte bezieht, fasst die Handlungsadaptivität Lernhandlungen zusammen, die im Zusammenhang mit dem gemachten Fehler stehen. Dazu gehören Fehleranalyse, und die „Planung und Initiierung zukünftiger Lernhandlungen zur Überwindung des Fehlers […]" (S. 257). Ziel der Forschungsarbeit war, die empirisch bewährten Erklärungsmodelle zu unterschiedlichen Reaktionsmustern nach Misserfolg auf die affektiv-motivationale Adaptivität der Reaktion auf Fehler zu übertragen. Dabei beziehen sich die Autoren auf die Attributionstheorie nach Weiner (1985), der von der Annahme ausgeht, dass die Auswirkungen von Misserfolg sich sowohl auf emotionaler als auch motivationaler Ebene dadurch erklären lassen, ob der Misserfolg adaptiv oder maladaptiv attribuiert wird. Unter adaptive Attribution von Misserfolg fällt beispielsweise die internal-instabile Attribution, während die internal-stabile Attribution als maladaptiv betrachtet wird. Als weitere zentrale motivationale Theorie führen Dresel et al. (2013) die Zielorientierung an. Diese Theorie von Dweck (1986) unterscheidet zwischen Lern- und Leistungszielen. Bei Leistungszielen geht es darum, die eigenen Kompetenz unter Beweis zu stellen, bei Lernzielen um den individuellen Lernzuwachs und Kompetenzerwerb. Leistungsziele sind demnach mit interpersonalem Vergleich und Lernziele mit intrapersonalen Vergleichen assoziiert (Brandstätter & Hennecke, 2018; Kleinbeck, 2010). Unterscheidet man außerdem noch zwischen vermeidungs- und aufsuchenden Motivationsaspekten (Elliot & Harackiewitcz, 1996; Elliot & McGregor, 2001), ergeben sich 2x2 mögliche Zielorientierungen: Annäherungslernziele, Annäherungsleistungsziele,

ISÖ
Institut für
Sozialökologie

Vermeidungslern- und Vermeidungsleistungsziele. Annäherungszielorientierung ist dabei mit Hoffnung auf Erfolg, Vermeidungszielorientierung mit Angst vor Misserfolg assoziiert. Personen mit Annäherungslernzielen suchen demnach Situationen auf, in denen sie ihre Kompetenzen ausbauen können. Demgegenüber suchen Personen mit Annäherungsleistungszielen solche Situationen, in denen sie die Möglichkeit haben, anderen gegenüber ihr Können unter Beweis zu stellen. Individuen mit Vermeidungszielen vermeiden jeweils Situationen, in denen sie einer (möglicherweise negativen) Bewertung ausgesetzt sind. Aus diesem Grund setzen sich Individuen mit Vermeidungszielen auch niedrige Ziele (Kleinbeck, 2010). Personen mit Lernzielorientierung erleben Fehler als wertvolles Feedback, während Fehler für Personen mit Leistungszielorientierung eine negative Bewertung der eigenen Leistung sehen, weshalb Fehler als selbstwertbedrohlich wahrgenommen werden (Dresel et al., 2013; Tangney, 2002; Tangney et al., 2007). Dresel et al. (2013) argumentieren, dass Lernzielorientierung daher mit adaptiveren Reaktionen auf Fehler einhergehen müsse. Die Handlungsadaptivität ist den Autoren zufolge stärker von den o.g. motivationalen Tendenzen abhängig. Die Autoren vergleichen die Differenzierung in affektiv-motivationale und Handlungsadaptivität der Reaktionen auf Fehler mit der Trennung der Coping-Stile in emotions- und problemorientiertes Coping.

Die Autoren vertreten die Ansicht, dass die affektiv-motivationale Adaptivität als notwendige, nicht jedoch als hinreichende Bedingung für die Handlungsadaptivität betrachtet werden kann. Diese Annahme steht im Einklang mit dem Ansatz von Eder und Brosch (2017), die Emotionen ebenfalls eine handlungsvorbereitende Funktion zuschreiben (s.o.).

Die Autoren betrachten die Adaptivität der Reaktionen auf Fehler als Trait. Ein zentrales Anliegen dieser Arbeit ist es, die Annahme zu prüfen, ob es sich bei der Adaptivität der Reaktionen auf Fehler oder Misserfolge tatsächlich um einen Trait handelt, oder ob sie kontextabhängig und demnach eher als State betrachtet werden sollte.

2.4.3 Emotionsregulation und Achtsamkeit

Gross (1998b) geht von der Annahme aus, dass Menschen tendenziell fast alle Emotionen (d.h. positive wie negative) regulieren, um ihr Wohlbefinden zu steigern, aufrechtzuerhalten oder wiederherzustellen. Gross (1998b, S. 275) definiert Emotionsregulation wie folgt:

Emotion regulation refers to the processes by which individuals influence which emotions they have, when they have them, and how they experience and express these emotions.

Die grundlegenden Ziele der Emotionsregulation sind nach Scheibe (2011) die Abschwächung, Aufrechterhaltung und die Verstärkung von Emotionen. Dabei werden nicht nur unangenehme Emotionen abgeschwächt oder positive verstärkt. Je nach Situation kann es angemessen sein, auch positive Emotionen abzuschwächen oder eine negative Emotion zu verstärken.

Die Regulationsprozesse können sowohl unbewusst-automatisch ablaufen als auch bewusst kontrolliert eingesetzt werden (Gross übernimmt hier die Annahme eines Kontinuums von unbewussten zu bewussten Regulationsprozessen von Shiffrin und Schneider, 1977).

Gross (2015) vergleicht die Emotionsregulation mit einem Bewertungssystem („2"), das ein anderes Bewertungssystem („1") positiv oder negativ bewertet und auf dieser Basis Handlungsimpulse hervorruft, die die Aktivität des Bewertungssystems „1" modifizieren sollen. Bevor die Emotionsregulation einsetzt, muss demnach eine Emotion generiert werden, die dann reguliert wird. Demzufolge kann Emotionsregulation als „[...] activation of a goal to modify the emotion-generative process [...]" verstanden werden (Gross, Sheppes & Urry, 2011, S. 767).

Dem derzeitigen Forschungsstand zufolge wird von zwei Systemen ausgegangen, die für die Entstehung und Modifikation von Emotionen von Bedeutung sind (siehe auch Ochsner & Gross, 2013). Das erste System ist für die unmittelbare Wahrnehmung und Bewertung emotional bedeutsamer Stimuli zuständig. Die Verarbeitung von Umweltreizen läuft über die Sinnesorgane zum Thalamus und von dort zum limbischen System (Amygdala und Hippocampus). Phillips, Drevets, Rauch und Lane (2003) bezeichnen dieses System als bottom-up appraisal system. Alle relevanten Informationen werden vom limbischen System an das vegetative Nervensystem weitergeleitet, um im Notfall lebensrettende Reaktionen auf autonomer, endokriner und behavioraler Ebene einzuleiten. Von der Amygdala führen außerdem Verbindungen zu Strukturen des Kortex, die für die subjektive Wahrnehmung jener emotionalen Reaktionen von Bedeutung sind. In den kortikalen Arealen, u.a. im Frontalhirn, erfolgt die bewusste Wahrnehmung des emotionalen Erlebens. Dieses wird unter Rückgriff auf im Gedächtnis vorhandenen Informationen gedanklich erfasst und modifiziert (Hülshoff, 2006).

ISÖ
Institut für
Sozialökologie

Die erste Bewertung eines emotional relevanten Reizes durch das limbische System erfolgt sehr schnell, da die hier veranlassten physiologischen Reaktionen im Zweifelsfall lebensrettend sein können. Die im präfrontalen Kortex lokalisierten Kontrollprozesse machen eine Korrektur dieser ersten Bewertung möglich (top-down appraisal system). Diese Korrektur berücksichtigt die individuellen Wünsche, Ziele und Bedürfnisse der betreffenden Person und ist demnach zwar langsamer als das bottom-up appraisal system, dafür aber akkurater (Scheibe, 2011; Scherer, 1981). Die Berücksichtigung von Zielen des Individuums bedeutet, dass je nach Kontext auch unangenehme Reize positiv oder angenehme Reize negativ im Sinne der Zielrelevanz bewertet werden (Scherer, 1981).

Studienergebnisse zeigen, dass die Aktivierung der Amygdala verstärkt wird, wenn die Probanden dazu aufgefordert werden, emotionale Reaktionen so lange wie möglich aufrechtzuerhalten (Schaefer et al., 2002) oder ein Gefühl zu verstärken (Urry et al., 2006). Eine stärkere Aktivierung im präfrontalen Kortex und eine geringere Aktivität in der Amygdala konnten demgegenüber gefunden werden, wenn die Probanden versuchten, ihre Emotionen durch kognitive Umbewertung zu reduzieren (Goldin, McRae, Ramel & Gross, 2008; Ochsner, Bunge, Gross & Gabrieli, 2002).

Die Emotionsgenese ist aber nicht auf das bottom-up appraisal system beschränkt. Durch Vorstellungen, Erinnerungen, Annahmen, Erwartungen und Aufmerksamkeitslenkung können auch auf Basis von top-down Prozessen Emotionen ausgelöst werden (Ochsner & Gross, 2013).

Die durch das top-down appraisal system angestrebte Modifikation kann an fünf verschiedenen Punkten der Emotionsgenese ansetzen (Gross, 1998b, 2015):

1. Situationsauswahl: es wird versucht, zu beeinflussen, welchen Situationen man sich aussetzt. Dieser Punkt wird gelegentlich kritisiert, weil es sich nicht um eine mentale Strategie, sondern vielmehr um eine Möglichkeit der Umweltgestaltung handelt (Scheibe, 2011).
2. Situationsmodifikation: Veränderung eines oder mehrerer relevante(r) Aspekte der Situation.
3. Aufmerksamkeitslenkung: die Aufmerksamkeit wird auf bestimmte Aspekte der Situation gelenkt oder von ihnen weg.

4. Umdeutung/Neubewertung: die Art und Weise, in der die Situation kognitiv repräsentiert wird, wird verändert.

5. Reaktionsmodulation: emotionsbezogene Reaktionen (emotional, physiologisch und behavioral) werden modifiziert. Diese Strategie setzt also erst während oder nach der Genese der Emotion ein.

Die Strategien 1-4 setzen früh im Prozess der Entstehung der Emotion ein und werden daher auch als antezedenzfokussierte Strategien bezeichnet (siehe auch Gross, 1998a). Die Reaktionsmodulation setzt erst nach der Auslösung der emotionalen Reaktion ein, weshalb sie den reaktionsfokussierten Strategien zugeordnet wird. Die Annahme, dass die Strategien zu unterschiedlichen Zeitpunkten ansetzen, wird von Studienergebnissen gestützt (Goldin et al., 2008).

Diesen Studienergebnissen zufolge sind antezedenzfokussierte Strategien effektiver, binden weniger kognitive Ressourcen und werden in sozialen Situationen als adäquater wahrgenommen als reaktionsfokussierte Strategien (Carstensen, Fung & Charles, 2003; Gross & Levenson, 1993, 1997; Gross, 1998b, 2001; John & Gross, 2004).

Ebenfalls interessant ist, dass ältere Personen im Vergleich zu jüngeren mehr Emotionsregulation betreiben (Charles & Carstensen, 2013), eine stärkere Motivation berichten (Carstensen et al., 2003) und vermutlich auch auf effektivere Strategien (d.h. top-down Prozesse) zurückgreifen (Charles & Carstensen, 2013; Gunning-Dixon et al., 2003; John & Gross, 2004). Die Aufmerksamkeit älterer Personen scheint zudem eher auf positive Aspekte ausgerichtet zu sein, was als *Positivitätseffekt* bezeichnet wird (Carstensen & Mikels, 2005; Isaacowitz, Toner, Goren & Wilson, 2008; Mather & Carstensen, 2003; Mather et al., 2004; Mather & Carstensen, 2005; Nikitin & Freund, 2011; Reed, Chan & Mikels, 2014). Die Ergebnisse von Längsschnittuntersuchungen bestätigen, dass Menschen mit zunehmendem Alter weniger negativen Affekt berichten (Carstensen, Pasupathi, Mayr & Nesselroade, 2000; Carstensen et al., 2011; Grühn, Kotter-Grühn & Röcke, 2010). Die Abnahme des selbstberichteten negativen Affekts über einen Zeitraum von 20 Jahren konnte sowohl für die Kohorten von Personen im jungen und mittleren, als auch für Personen im höheren Lebensalter gefunden werden (Charles, Reynolds & Gatz, 2001). Der Effekt zeigt sich bei älteren Personen nicht nur im Hinblick auf Aufmerksamkeitsprozesse, sondern auch bei Gedächtnistests und im Erleben (Carstensen et al., 2000; Kennedy, Mather & Carstensen, 2004; Reed & Carstensen, 2012; Schryer & Ross, 2012). Den Zusammenhang zwischen Lebensalter und der zunehmenden Bedeutung der Emotionsregulation erklärt Carsten-

ISÖ
Institut für
Sozialökologie

sen (1992; Carstensen, Isaacowitz & Charles, 1999; 2006) mit der Theorie der sozioemotionalen Selektivität. Diese besagt, dass mit zunehmendem Alter das Gefühl stärker wird, dass die verbleibende Lebenszeit immer weniger wird. Carstensen argumentiert, dass diese Wahrnehmung der abnehmenden verbleibenden Lebenszeit zu einer Zunahme der Bedeutsamkeit emotionaler Ziele führt, während andere Ziele (z.B. Karriereziele) an Bedeutung verlieren. Die Gegenwart gewinnt, die Zukunft verliert an Bedeutung. Daher, so Carstensen, würden kurzfristige Ziele wie die der Emotionsregulation oder das Erreichen subjektiven Wohlbefindens wichtiger. Außerdem scheint die Emotionsregulation mit zunehmender Lebenserfahrung auch mit weniger kognitiver Anstrengung verbunden zu sein (Scheibe & Blanchard-Fields, 2009), was möglicherweise auf die umfangreiche Erfahrung mit Emotionsregulation zurückzuführen ist. Wenn älteren Menschen die Emotionsregulation wichtiger ist und auch leichter fällt als jüngeren, dann kann angenommen werden, dass das Achtsamkeitstraining bei ihnen zu einer größeren positiven Veränderung der State-Achtsamkeit führt.

Scherer (1981) geht davon aus, dass die mit Emotionen verbundenen Bewertungsprozesse der Bedeutung von Reizen aus der Umwelt zu einer Verlängerung des Zeitraums zwischen Reiz und Reaktion führen. Eben diese Verlängerung führt dem Autor zufolge zu einer größeren Flexibilität im Verhalten, die insbesondere im sozialen Miteinander von Bedeutung ist. Von dieser Annahme gehen auch einige Modelle der Achtsamkeit aus (Harrer & Weiss, 2016; Shapiro et al., 2011). Achtsamkeit soll automatische Reaktionen verhindern und auf diese Weise den Raum zwischen Reiz und Reaktion ausbauen. Dieser Raum wird vergrößert, indem aufkommende Emotionen, Kognitionen und Absichten bzw. Handlungsentwürfe beobachtet und nicht ausagiert werden.

Es stellt sich die Frage, ob Achtsamkeit möglicherweise dazu beiträgt, dass die automatischen Reaktionen auf emotional relevante Reize zumindest auf behavioraler Ebene unterdrückt werden, sodass die Zeitspanne zwischen Reiz und Reaktion verlängert wird. Auf diese Weise hat das top-down appraisal system Zeit zu reagieren. Chiesa, Serretti und Jakobsen (2013) fanden Hinweise darauf, dass die Art der Emotionsregulation davon beeinflusst wird, wie lange bereits Achtsamkeit praktiziert wird. So scheinen Personen, die erst seit kurzer Zeit Achtsamkeit praktizieren, Emotionen eher mittels top-down Strategien zu regulieren, Personen mit mehr Achtsamkeitserfahrung hingegen mittels bottom-up Strategien. Mithilfe von Achtsamkeitsübungen wird den Autoren zufolge bei noch unerfahrenen Praktizierenden zunächst das top-down appraisal system trainiert. Mit zunehmender Erfahrung kommt es zu den oben beschriebenen hirnphysiologischen Veränderungen im präfrontalen Kortex und der Amygdala, sodass Emotionen bereits mit bottom-up Strategien reguliert werden. Achtsamkeit könnte hier insofern die Emotionsgenese und -regulation beeinflussen, indem sie Bewertungs- und Klassifizierungsprozesse stoppt und so eine wertungsfreie Beobachtung der Emotion und deren Vergänglichkeit ermöglicht.

Zusammenfassend und auf die oben ausgeführten Annahmen von Gross (2015) bezugnehmend kann angenommen werden, dass Achtsamkeitstrainings zumindest langfristig die Fähigkeiten zur Emotionsregulation verbessern können.

Ob auch ein kurzes Achtsamkeitstraining sich positiv auf die Emotionsregulationsfähigkeiten auswirkt, untersuchten beispielsweise Tang, Tang und Posner (2016) sowie Kral et al. (2018). Dabei fanden Tang und Kollegen (2016) Belege dafür, dass auch ein kurzes Achtsamkeitstraining die Fähigkeit der Emotionsregulation verbessern kann. Allerdings wurde die Emotionsregulation indirekt über die Positive And Negative Affect Schedule (PANAS) erfasst, sodass die Mechanismen und die Ursache für den verbesserten Affekt unklar bleiben. Kral et al. (2018) untersuchten die emotionale Reaktivität von Personen mit und ohne Langzeiterfahrung in der Achtsamkeitsmeditation auf neuronaler Ebene (siehe auch Vago & Silbersweig, 2012). Mithilfe bildgebender Verfahren konnten die Autoren zeigen, dass langfristiges Achtsamkeitstraining mit geringerer Reaktivität der Amygdala zusammenhängt. Außerdem bewerteten Personen mit Achtsamkeitserfahrung Stimuli häufiger als neutral als weniger erfahrene. Im Hinblick auf die Wirkung einer einzelnen kurzen Achtsamkeitsintervention zeigte sich jedoch kein statistisch bedeutsamer Effekt hinsichtlich der Bewertung von Bildern mit negativer Valenz. Die Autoren schlussfolgern, dass für solche Effekte langfristige Achtsamkeitstrainings notwendig sein könnten. Anzumerken ist jedoch, dass Rückschlüsse von der Aktivierung in der Amygdala auf die Emotionsregulation gezogen wurden. Die Emotionsregulation wurde nicht zusätzlich per Fragebogen erfasst.

Zusammenfassend lässt sich feststellen, dass bestimmte Aspekte von Perfektionismus maladaptiv sowohl bezüglich der psychischen Gesundheit und des Wohlbefindens als auch bezüglich der Fähigkeit, Fehler als Lerngelegenheit zu nutzen, eingeschätzt werden können. Dabei scheint Achtsamkeitstraining eine Möglichkeit darzustellen, die maladaptiven Auswirkungen von Perfektionismus zu korrigieren. Dies soll im Folgenden untersucht werden.

2.4.4 Achtsamkeit und Perfektionismus

In den letzten Jahren konnten einige Forschungsarbeiten einen positiven Effekt von Achtsamkeitstrainings belegen. Beispielsweise zeigt eine Studie von James und Rimes (2018), dass eine achtsamkeitsbasierte Kognitive Therapie einer rein kognitiven Therapie beim Erlernen von Selbsthilfe bei Perfektionismus überlegen ist. Der Zusammenhang zwischen Perfektionismus und psychischem Stress ist Studienergebnissen zufolge teilweise auf übermäßige Selbstkritik zurückzuführen (James, Verplanken & Rimes, 2015; Wimberley, Mintz & Suh, 2016). Selbstkritik lässt sich nach Wimberley et al. (2016) durch Achtsamkeitsinterventionen reduzieren. Auch andere negative Outcomes im Zusammenhang mit Perfektionismus können mithilfe von Achtsamkeit verringert werden (James et al., 2015). Die positiven Auswirkungen von Achtsamkeit können möglicherweise dadurch erklärt werden, dass Achtsamkeit mit positivem Affekt und effektiven Copingstrategien (Hinterman, Burns, Hopwood & Rogers, 2012; Short & Mazmanian, 2013) sowie verbesserten Emotionsregulationsfähigkeiten assoziiert ist (siehe Abschnitt 2.4.3).

Zusammenfassend lässt sich festhalten, dass Achtsamkeit erlernbar und trainierbar ist und – vermittelt über verschiedene Wirkfaktoren – positive Effekte auf das psychische Wohlbefinden hat. Sowohl die Achtsamkeitsdefinition von Bishop (2004) als auch einige Modelle der Achtsamkeit (bzw. einige psychologische Forscher) räumen dabei der Selbstregulationskomponente einen wichtigen Stellenwert ein. Insbesondere scheint es bei der Behandlung von Perfektionismus einen bedeutsamen Beitrag zu leisten. Die meisten Studien, die die Wirksamkeit von Achtsamkeit untersuchen, verwenden mehrwöchige Achtsamkeitstrainings. Solche Trainings sind in der Regel mit hohem zeitlichem und finanziellem Aufwand verbunden. Computerbasierte Programme sind in der Regel weniger zeit- und kostenintensiv und können außerdem flexibler in den Zeitplan der Teilnehmer integriert werden als das bei einem Präsenzprogramm möglich ist. Bisherige computerbasierte Achtsamkeitstrainings zeigen vielversprechende Ergebnisse im Hinblick auf Stresserleben und negativen Affekt (Glück & Maercker, 2011; Krusche, Cyhlarova & Williams, 2013; Michel, Bosch & Rexroth, 2014). Dabei fanden Spijkerman, Pots und Bohlmeijer (2016) in einer Metaanalyse kleine Effektstärken für Online-Achtsamkeitstrainings. Für Präsenz-Achtsamkeitstrainings werden demgegenüber mittlere bis große Effekte berichtet (Abbott et al., 2014; Cavanagh, Strauss, Forder & Jones, 2014; Gotink et al., 2015; Khoury et al., 2015). Nach Kenntnisstand der Verfasserin gibt es bisher jedoch keine Studie, die experimentell untersucht, ob eine kurze einmalige Achtsamkeitsübung Auswirkungen auf Affekt und Adaptivität der Reaktionen auf Fehler zeigt.

3 Fragestellung und Hypothesen

Ziel der vorliegenden Arbeit ist es herauszufinden, ob sich die durch perfektionistische Bestrebungen beeinflussten Reaktionen auf Fehler durch eine kurze Online-Achtsamkeitsübung manipulieren lassen. Dabei ist insbesondere von Interesse, ob sich die Adaptivität der Reaktionen durch (falsches) Feedback beeinflussen lässt.

Zunächst soll mithilfe eines Manipulations-Checks geprüft werden, ob Probanden nach dem negativen Feedback (t_2) mehr negativen Affekt berichten als nach dem positiven Feedback (t_1).

Die Hypothesen lauten:

1. Negatives Feedback führt zu weniger adaptivem Umgang mit Fehlern als positives Feedback.
2. Probanden, die an der Achtsamkeitsübung teilgenommen haben, erleben nach dem negativen Feedback weniger negativen Affekt als die Probanden, die an der Mindwandering-Übung teilgenommen haben.
3. Probanden, die an der Achtsamkeitsübung teilgenommen haben, gehen adaptiver mit Fehlern um als Probanden, die an der Mindwandering-Übung teilgenommen haben.
4. Personen mit höheren Werten auf der Perfektionismus-Skala „Hohe Standards" reagieren mit stärker negativem Affekt auf negatives Feedback als Personen mit weniger hohen Standards.
5. Personen mit höheren Werten auf der Perfektionismus-Skala „Fehlersensitivität" reagieren mit stärker negativem Affekt auf negatives Feedback als Personen mit weniger ausgeprägter Fehlersensitivität.
6. Es besteht ein negativer Zusammenhang zwischen dem Alter der Teilnehmer und den Perfektionismus-Skalen „Hohe Standards" und „Fehlersensibilität".

4 Methode

Zur Überprüfung der Hypothesen wurde eine Querschnittsuntersuchung in Form eines Online-Experiments mit randomisierter Zuweisung zur Experimental- und Kontrollgruppe durchgeführt. Aufgrund der gefundenen kleinen Effektstärke für Online-Achtsamkeitstrainings (Spijkerman et al., 2016) wurde der benötigte Stichprobenumfang ebenfalls unter Annahme eines kleinen Effekts mit dem Programm G*Power berechnet. Der benötigte Stichprobenumfang lag dem Programm zufolge bei 265 Probanden.

Im folgenden Abschnitt werden Design, Stichprobe, die Erhebungsinstrumente sowie die Versuchsdurchführung beschrieben, die zur Überprüfung der Hypothesen verwendet wurden.

4.1 Studiendesign

Dem Experiment lag ein 2 (Achtsamkeits- oder Mindwanderingübung) x 2 (Feedback: positiv vs. negativ) -Design zugrunde. Der erste Faktor wurde zwischen den Probanden variiert: sie wurden randomisiert jeweils der Gruppe „Achtsamkeit" oder der Gruppe „Mindwandering" zugeteilt. Der Faktor Feedback wurde innerhalb der Probanden variiert: nach einer leichten Aufgabe zur mentalen Rotationsfähigkeit bekamen alle Teilnehmer positives Feedback zu ihrer Leistung (84% der Antworten korrekt, überdurchschnittliches Ergebnis), nach der Achtsamkeits- bzw. Mindwanderingübung folgte eine schwierigere Aufgabe, nach der alle Teilnehmer negatives Feedback zu ihrer Leistung erhielten (17% der Antworten korrekt, deutlich unterdurchschnittliches Ergebnis). Als abhängige Variablen wurden zum einen negativer Affekt und zum anderen Adaptivität der Reaktion auf das Feedback jeweils nach dem Feedback erfasst. Als Kovariate wurden die erhobenen Werte der Perfektionismus-Subskalen *Hohe Standards* und *Fehlersensibilität* eingesetzt.

4.2 Beschreibung der Stichprobe

Zur Rekrutierung der Versuchsteilnehmer wurde mithilfe von Qualtrics ein Link erzeugt, der direkt zur Online-Studie führte. Die Studie wurde auf den Forschungsplattformen SurveyCircle und Thesius gepostet und es wurden Einladungen zur Teilnahme über das soziale Netzwerk Facebook, per E-Mail an private Kontakte und über mehrere studiengang interne Mailing-Listen der Universität zu Köln versendet. Um die erhobenen Daten nicht zu verfälschen wurden die Hypothesen der Studie nicht genannt. Die Einladung nannte die „Auswirkung einer kurzen On-line-Entspannungsübung auf die Fähigkeit zur mentalen Rotation" als das Thema der Studie. Die E-Mail informierte auch darüber, dass unter den Studienteilnehmern zehn Buch7-Gut-scheine verlost würden und Studierende der Universität zu Köln für ihre Teilnahme 0,5 Ver-suchspersonenstunden angerechnet bekämen. Als anberaumte Bearbeitungsdauer wurden 25 Minuten angegeben. Außerdem konnten die Teilnehmer ihre E-Mail-Adresse angeben, wenn sie eine Zusammenfassung der Ergebnisse der Studie wünschten. Die Studie war vom 30.08.2018 bis zum 24.10.2018 online.

275 Personen folgten der Einladung. 26 Datensätze (9,5%) waren unvollständig (weniger als 73% der Fragen wurden beantwortet), sodass sie für weitere Analysen nicht berücksichtigt wurden. Von den verbleibenden 249 Datensätzen wurden 60 nicht weiter berücksichtigt, da die Bearbeitungszeit unter 18 Minuten lag, was darauf schließen lässt, dass die Audio-Entspan-nungsübung nicht bis zum Ende angehört wurde. Die verbleibenden 189 Datensätze wurden hinsichtlich der Bearbeitungszeit inspiziert. Die durchschnittliche Bearbeitungszeit lag bei 27 Minuten. 14 Datensätze konnten nicht in weitere Analysen aufgenommen werden, weil die Be-arbeitungszeit mehr als 60 Minuten betrug oder die Bearbeitung unterbrochen wurde. Außer-dem wurden die Daten von 5 Teilnehmern ausgeschlossen, weil sie die Frage nach der Ernst-haftigkeit der Teilnahme mit „Nein" oder gar nicht beantwortet hatten. Von den verbleibenden 170 Datensätzen wurden 11 Datensätze nicht weiter berücksichtigt, weil die Teilnehmer bei der Bearbeitung der Aufgaben unaufmerksam waren und beide Items zur Erfassung der Auf-merksamkeit nicht richtig beantwortet hatten. Die Daten der Teilnehmer, die eines der beiden Items zur Erfassung der Aufmerksamkeit richtig beantworteten, wurden nicht ausgeschlossen. Vier Teilnehmer waren jünger als 18 Jahre alt, sodass ihre Daten ebenfalls nicht weiter berück-sichtigt wurden.

Alle weiteren Berechnungen basieren auf der Gesamtzahl von 155 vollständigen Datensätzen. 133 (78,7%) Teilnehmer waren weiblich. Das Alter der Teilnehmer lag zwischen 18 und 67 Jah-ren, (M = 30,6 Jahren, SD = 11,31, Mdn = 27.5). Bei einem Teilnehmer fehlte die Altersangabe. Der fehlende Wert wurde mithilfe von SPSS durch den Mittelwert ersetzt.

84,5% der Probanden (131) gaben die Hochschul- und 7,7% die Fachhochschulreife (12), 7% die mittlere Reife (9) und 2,1% den Hauptschulabschluss (3) als höchsten Schulbildungsab-schluss an.

Nach Ausschluss der o.g. Datensätze umfasste die Experimentalgruppe (EG) 83 und die Kontrollgruppe (KG) 72 Datensätze. Um zu überprüfen, ob sich die Gruppen hinsichtlich Alter, Geschlechterzusammensetzung, Perfektionismus, negativem Affekt und Adaptivität zum ersten Messzeitpunkt unterscheiden, wurde eine *Multivariate Varianzanalyse* (*MANOVA*) gerechnet. Die Ergebnisse zeigten, dass sich EG und KG in keiner der genannten Variablen bedeutsam unterschieden.

4.3   Versuchsablauf

Die Teilnehmer wurden in der Einleitung zur Studie darüber informiert, dass die Erhebung der Daten anonym erfolgte, erfasste Informationen nur zu wissenschaftlichen Zwecken erfasst und nicht an Dritte weitergegeben werden. Die Studienteilnehmer konnten jederzeit ohne Angabe von Gründen ihre Teilnahme an der Untersuchung beenden. Außerdem wurde den Teilnehmern die Möglichkeit gegeben, die Versuchsleiterin bei Fragen oder Anmerkungen zur Studie per E-Mail zu kontaktieren.

Die Teilnehmer mussten am Ende der Einleitung bestätigen, dass sie die o.g. Informationen zur Kenntnis genommen hatten und an der Studie teilnehmen wollten. Als Ziel des Experiments wurde lediglich die Untersuchung der „Effekte eine kurzen Online-Entspannungsübung" angegeben. Daraufhin wurden zunächst demografische Daten erfasst. Anschließend beantworteten die Teilnehmer einen Fragebogen zu Perfektionismus. Um einen State zu induzieren, in dem die Probanden adaptiv mit Fehlern umgehen, wurden die Probanden gebeten, einige Aufgaben zur mentalen Rotationsfähigkeit zu bearbeiten. Dabei gab es zunächst zwei Übungsaufgaben, um sicherzustellen, dass die Aufgabenstellung richtig verstanden wurde. Im diesem ersten Durchgang war die Aufgabenschwierigkeit sehr niedrig und die Teilnehmer hatten zur Bearbeitung ausreichend Zeit (15 Sekunden pro Aufgabe). Danach bekamen die Teilnehmer (falsches) positives Feedback, unabhängig von ihrem tatsächlichen Ergebnis. Den Versuchsteilnehmern wurde zurückgemeldet, dass sie 84% der Aufgaben richtig beantwortet hätten und damit ein überdurchschnittliches Ergebnis erzielt hätten. Nachfolgend wurden die Probanden gebeten, einen Fragebogen zu ihrer derzeitigen emotionalen Befindlichkeit (PANAS) zu beantworten. Im Anschluss daran bearbeiteten die Teilnehmer den adaptierten Fragebogen zur Adaptivität im Umgang mit Fehlern nach Dresel et al. (2013).

Die hierauf erfolgende Zuteilung zur Experimental- (EG) bzw. Kontrollgruppe (KG) erfolgte randomisiert. EG und KG unterschieden sich lediglich hinsichtlich der anzuhörenden Audiodatei, die entweder eine Achtsamkeitsübung oder eine andere Entspannungsübung beinhaltete.

Im nächsten Schritt wurden die Teilnehmer aufgefordert, eine Audiodatei durch Anklicken zu starten und die Ton-Datei bis zum Ende anzuhören. In der EG hörten die Probanden eine geführte Achtsamkeitsübung, in der KG eine Mindwandering-Übung.

Um eine Situation herzustellen, in der die Teilnehmer des Experiments einen eigenen Fehler bzw. eigenes Scheitern erleben, bearbeiteten die Teilnehmer beider Gruppen erneut einige Aufgaben zur mentalen Rotation. In diesem Durchgang war die Aufgabenschwierigkeit höher, was in der Aufgabenstellung auch entsprechend erwähnt wurde. Außerdem fiel die Bearbeitungszeit mit zehn Sekunden pro Aufgabe deutlich knapper aus. Nachfolgend erhielten alle Teilnehmer (falsches) negatives Feedback, in dem sie darauf hingewiesen wurden, dass sie nur 17% der richtigen Antworten gegeben und somit ein unterdurchschnittliches Ergebnis erzielt hätten.

Danach bearbeiteten die Probanden wieder den Fragebogen zur aktuellen emotionalen Befindlichkeit (PANAS) und den adaptierten Fragebogen zur Adaptivität des Umgangs mit Fehlern nach Dresel und Kollegen (2013). Anschließend wurden die Teilnehmer noch gebeten, anzugeben ob sie vor ihrer Teilnahme bereits Erfahrungen mit Mediation gemacht hat-ten. Die Probanden sollten ihre Meditationserfahrung auf einer Skala von 1 („Sehr unerfahren") bis 7 („Sehr erfahren") einschätzen. Am Ende der Studie wurde die Ernsthaftigkeit der Teilnahme mit einem dichotomen Item (Ja/Nein) abgefragt. Im Anschluss erfolgte ein umfassendes Debriefing der Teilnehmer.

4.4 Versuchsmaterial

Im Folgenden werden die Materialien beschrieben, das in der Studie eingesetzt wurde. Die Materialen werden getrennt nach Stimulusmaterial und Fragebögen vorgestellt.

4.4.1 Stimulusmaterial

Feedback. Als positives Feedback wurde den Teilnehmern nach den einfachen Aufgaben zur mentalen Rotation folgender Text präsentiert:

Institut für
Sozialökologie

Sehr gut! Ihre Antworten waren zu 84% richtig! Damit liegen Ihre Ergebnisse über dem Durchschnitt.

Der Text für das negative Feedback nach den schwierigen Aufgaben lautete folgendermaßen:

Ihre Antworten waren nur zu 17% richtig (Ergebnis wurde aufgerundet). Ihr Ergebnis liegt damit deutlich unter dem Durchschnitt.

Intervention. Als Intervention wurde eine Audiodatei verwendet, die sich die Probanden anhören sollten. Bei der Audiodatei handelte es sich entweder um eine Achtsamkeitsübung oder um eine Mindwanderingübung. Die Verwendung einer Mindwanderingübung als Kontrollgruppe zu verwenden, hat sich bereits in mehreren Achtsamkeitsstudien bewährt (Arch & Craske, 2006; Dummel & Stahl, 2018; Saunders, Barawi & McHugh, 2013), da es hinsichtlich Aufmerksamkeit eine Art Ruhemodus herbeiführt, der als Baseline verwendet werden kann (Mason et al., 2007). Beide Übungen dauerten ca. 10 Minuten und wurden von einem mit Achtsamkeitstrainings vertrauten Sprecher eingesprochen. Die Texte beider Übungen wurden in leicht abgewandelter Form von Dummel und Stahl (2018) übernommen. Sie basieren auf Übungen, die bereits in anderen Forschungsarbeiten eingesetzt wurden (z.B. Arch & Craske, 2006; Dummel & Stahl, 2018; Saunders et al., 2013;). Die vollständigen Texte befinden sich in Anhang A.

Achtsamkeitsübung. In der Achtsamkeitsübung ging es darum, die Aufmerksamkeit auf das Hier-und-Jetzt zu richten und aufkommende Gedanken und Gefühle bewusst wahrzunehmen, ohne sie zu bewerten. Die Teilnehmer wurden gebeten, ihre Aufmerksamkeit auf ihren Atem zu richten und das Ein- und Ausatmen zu beobachten und einfach geschehen zu lassen, um sich in der Gegenwart zu verankern. Abschweifende Gedanken sollten die Probanden zur Kenntnis nehmen und beobachten, was zur Ablenkung von der Atmung geführt hatte. Anschließen sollte die Aufmerksamkeit wieder auf den Atem gelenkt werden. Jegliche Beobachtung sollte wohlwollend und ohne Bewertung erfolgen.

Mindwanderingübung. In der Mindwanderingübung wurden die Teilnehmer gebeten, an nichts Bestimmtes zu denken, sondern einfach allen aufkommenden Gedanken zu folgen. Die Teilnehmer sollten ihre Gedanken frei umherschweifen lassen und allem folgen, was ihnen in den Sinn kam, ohne sich auf etwas zu konzentrieren. Die Anweisung, die Gedanken einfach frei umherwandern zu lassen, wurde in unregelmäßigen Abständen wiederholt, um die Länge der beiden verwendeten Übungen vergleichbar zu halten.

4.5 Beschreibung der erfassten Variablen

Im folgenden Abschnitt werden die erhobenen Variablen beschrieben und die Ergebnisse der deskriptiven sowie der Reliabilitätsanalysen berichtet. Zur Beantwortung der Fragestellung wurden Perfektionismus mit der der deutschen Version der MPS-F (Altstötter-Gleich & Bergemann, 2006; Frost et al., 1990), die Adaptivität im Umgang mit Fehlern mithilfe einer adaptierten Version des Fragebogens nach Dresel und Kollegen (2013) sowie positiver und negativer Affekt mit der PANAS-Skala erfasst. Die verwendeten Fragebögen werden im folgenden Abschnitt näher erläutert. Zudem wurden soziodemografische Variablen wie Geschlecht, Alter, höchster Bildungsabschluss und berufliche Situation erhoben, um eine Konfundierung mit diesen Variablen kontrollieren zu können.

4.5.1 Positiver und negativer Affekt

Zur Erfassung des aktuellen Affekts der Probanden wurde die Positive And Negative Affect Schedule (PANAS) von Watson, Clark und Tellegen (1988) in der validierten deutschsprachigen Übersetzung von Janke und Glöckner-Rist (2014) verwendet. Die PANAS erfasst Affekt als State und die Items sind anhand einer Likert-Skala von 1 („trifft gar nicht zu") bis 6 („trifft sehr zu") zu beantworten. Krohne, Egloff, Kohlmann und Tausch (1996) berichten gute interne Konsistenzen beider Skalen (siehe Tabelle 1).

Tabelle 1: PANAS: Skalen, Reliabilitäten und Beispielitems

Skala/Itemanzahl	α	Beispielitem
Positiver Affekt/10	.85	Interessiert
Negativer Affekt/10	.86	Nervös

Anmerkungen. PANAS: Positive And Negative Affect Schedule. Die Kennwerte stammen aus Krohne et al. (1996), bezogen auf eine Stichprobe mit $N = 73$; α = Cronbachs α.

Die internen Konsistenzen der Items der Skala *Positiver Affekt* lagen in der vorliegenden Arbeit im Bereich α = .86 - .88, die Gesamtskala erreichte eine interne Konsistenz von α = .88, sodass die Reliabilität als gut bewertet werden kann. Die internen Konsistenzen der Items der Skala *Negativer Affekt* lagen im Bereich α = .80 - .83, insgesamt erreichte die Skala eine interne Konsistenz von α = 83, was ebenfalls für eine gute Reliabilität spricht.

ISÖ
Institut für
Soziolökologie

4.5.2 Adaptivität der Reaktionen auf Fehler

Die Adaptivität im Umgang mit Fehlern wurde mit dem adaptierten Fragebogen zu affektiv-motivationalen und handlungsadaptiven Reaktionen auf Fehler im Lernprozess nach Dresel et al. (2013) erfasst. Da dieses Instrument die Adaptivität im Umgang mit Fehlern jedoch als Trait erfasst und für die vorliegende Untersuchung die Erfassung des States erforderlich war, wurde der Fragebogen entsprechend angepasst. Die adaptierte Version des Fragebogens befindet sich in Anhang B. Die Autoren berichten zufriedenstellende interne Konsistenzen beider Skalen. Die internen Konsistenzen sowie einige Beispielitems können Tabelle 2 entnommen werden.

Tabelle 2: Skalen, Reliabilitäten und Beispielitems Skalen zur Erfassung der Adaptivität der Reaktionen auf Fehler nach Dresel et al. (2013)

Skala/Itemanzahl	α	Beispielitem
Handlungsadaptive Reaktionen auf Fehler/7	.85	Wenn ich etwas nicht kann, strenge ich mich beim nächsten Mal umso mehr an.
Affektiv-motivationale Reaktionen auf Fehler/6	.77	Wenn ich eine Aufgabe nicht lösen kann, habe ich beim nächsten Mal weniger Lust.

Anmerkungen. Die Kennwerte stammen aus Dresel et al. (2013), bezogen auf eine Stichprobe mit N = 640 Schülern mit einem Durchschnittsalter von 15,4 Jahren; α = Cronbachs α.

Die Daten zeigten eine annähernde Normalverteilung für die Items beider Skalen. Die internen Konsistenzen der Items der Skala *Handlungsadaptive Reaktionen auf Fehler* lagen zwischen α = .82 – 84. Die interne Konsistenz der Gesamtskala war α = .85. Die internen Konsistenzen der Items der Skala *Affektiv-motivationale Reaktionen auf Fehler* lagen im Bereich α = .79 und .84 und sind als zufriedenstellend bis gut zu bewerten. Die interne Konsistenz der Gesamtskala war α = .84. Im Hinblick auf die Abweichung zur internen Konsistenz bei Dresel und Kollegen (2013) ist zu beachten, dass die Skalen so adaptiert wurden, dass eine Veränderungsmessung der Adaptivität der Reaktionen auf Fehler möglich war. Die führte dazu, dass die affektiv-motivationalen Reaktionen auf Fehler mit nur 5 Items erfasst wurden. Aus diesem Grund wurde das erste Item der Skala *Affektiv-motivationale Reaktionen auf Fehler* („Wenn ich in Mathe etwas Falsches sage, vermiest mir das die ganze Mathestunde.") durch ein Item ersetzt, dass die aktuelle Stimmung abfragt („Meine Stimmung ist gerade..."), welches die Teilnehmer auf einer Likert-Skala von 1 („sehr schlecht") bis 7 („sehr gut") beantworteten. Wurde das Item, das die Stimmung erfasst, in die Skala aufgenommen, verschlechterte sich die interne Konsistenz auf α = .81. Das lässt darauf schließen, dass das Item aufgrund der vorgenommenen Änderungen nicht mehr zu den Items der Skala Affektiv-motivationale Reaktionen auf Fehler passt, weshalb entschieden wurde, die Stimmungsabfrage nicht in die Skala aufzunehmen.

4.5.3 Perfektionismus

Zur Erfassung von Perfektionismus wurde die Multidimensionale Perfektionismus Skala von Frost, Marten, Lahart und Rosenblate (MPS-F; 1990, in der validierten deutschsprachigen Übersetzung von Altstötter-Gleich & Bergemann, 2006) eingesetzt. Verwendet wurden die Skalen Hohe Standards („personal standards") und Fehlersensibilität („concern over mistakes"). Der MPS-F erfasst Perfektionismus als Trait und die Items sind anhand einer Likert-Skala von 1 („trifft gar nicht zu") bis 6 („trifft sehr zu") zu beantworten. Altstötter-Gleich und Bergemann (2006) berichten gute interne Konsistenzen beider Skalen. Die internen Konsistenzen sowie einige Beispielitems sind in Tabelle 3 aufgeführt.

Tabelle 3: Skalen, Reliabilitäten und Beispielitems der Multidimensional Perfectionism Scale (MPS-F)

Skala/Itemanzahl	α	Beispielitem
Hohe Standards/7	.84	Ich setze mir höhere Ziele als die meisten Menschen.
Fehlersensibilität/9	.89	Wahrscheinlich schätzen mich Personen weniger, wenn ich einen Fehler mache.

Anmerkungen. Die Kennwerte stammen aus Altstötter-Gleich und Bergemann (2006), bezogen auf eine Stichprobe mit *N* = 1170; α = Cronbachs α.

In der vorliegenden Studie lagen die internen Konsistenzen der Items der Skala *Hohe Standards* zwischen α = .75 - 84 und sind als zufriedenstellend bis gut zu beurteilen. Die Gesamtskala erreichte eine interne Konsistenz von α = .81 und war damit etwas niedriger als in der Untersuchung von Altstötter-Gleich und Bergemann (2006). Die internen Konsistenzen der Items der Skala *Fehlersensibilität* lagen im Bereich α = .87 - .89, die interne Konsistenz der Gesamtskala lag bei α = .89. Dieses Ergebnis stimmt mit dem von Altstötter-Gleich und Bergemann (2006) überein und ist als gut zu bewerten.

5 Ergebnisse

In diesem Kapitel werden zunächst die erfassten Variablen beschrieben und die Ergebnisse der deskriptiven Analysen der Items der Skalen aller verwendeten Messinstrumente und wichtige Ergebnisse der Reliabilitätsanalysen dargestellt. Im Anschluss daran werden die Ergebnisse der Überprüfung der Voraussetzung der verwendeten inferenzstatistischen Verfahren berichtet. Im letzten Teil des Kapitels erfolgt die Darstellung der inferenzstatistischen Datenanalyse zur Testung der aufgestellten Hypothesen. Alle Berechnungen erfolgten mithilfe der Statistik-Software IBM SPSS 25.0 für Windows.

5.1 Korrelationsanalysen

Da die Adaptivität der Reaktionen auf Fehler nach Kenntnisstand der Verfasserin der Arbeit bisher ausschließlich als Trait erfasst wurde, wurden die bivariaten Korrelationen der Adaptivität der Reaktionen analysiert. Dabei zeigte sich, dass die Werte zu beiden Messwerten zwar hoch miteinander korreliert sind, jedoch nicht nahe 1 (siehe Tabelle 4).

Tabelle 4: Bivariate Korrelationen der Adaptivität der Reaktionen auf das Feedback jeweils zu beiden Messzeitpunkten

Variable	1.	2.	3.	4.	5.	6.
1. Adaptiv_ges t_1	—					
2. Adaptiv_ges t_2	.75**	—				
3. Adaptiv_affekt_motiv t_1	.68**	.52**	—			
4. Adaptiv_affekt_motiv t_2	.49**	.78**	.64**	—		
5. Adaptiv_behavioral t_1	.79**	.58**	.10	.13*	—	
6. Adaptiv_behavioral t_2	.68**	.79**	.18*	.23**	.78**	—

Anmerkungen. Adaptiv_ges t_1 = Adaptivität der Reaktion zum 1. Messzeitpunkt; Adaptiv_ges t_2 = Adaptivität der Reaktion zum 2. Messzeitpunkt; Adaptiv_affekt_motiv t_1 = affektiv-motivationale Adaptivität der Reaktion zum 1. Messzeitpunkt; Adaptiv_affekt_motiv t_2 = affektiv-motivationale Adaptivität der Reaktion zum 2. Messzeitpunkt; Adaptiv_behavioral t_1 = behaviorale Adaptivität der Reaktion zum 1. Messzeitpunkt; Adaptiv_behavioral t_2 = behaviorale Adaptivität der Reaktion zum 2. Messzeitpunkt.
**. Die Korrelation ist auf dem Niveau von 0.01 (2-seitig) signifikant.
* . Die Korrelation ist auf dem Niveau von 0.05 (2-seitig) signifikant.

Um zu prüfen, ob die Unterschiede in der Adaptivität der Reaktionen sich zwischen den Messzeitpunkten substantiell unterscheiden, wurde ein t-Test für abhängige Stichproben durchgeführt. Die Ergebnisse bestätigten einen statistisch bedeutsamen Unterschied zwischen den

ISÖ
Institut für
Sozialökologie

Messzeitpunkten. Die Ergebnisse zeigen, dass sich die Mittelwerte beider Subskalen der Adaptivität der Reaktionen auf Fehler und des negativen Affekts zum 1. Messzeitpunkt substantiell von denen des 2. Messzeitpunktes unterscheiden (siehe Tabelle 5).

Tabelle 5: Vergleich der abhängigen Variablen nach positivem und negativem Feedback

Abhängige Variable	Feedback				t(154)	p	Cohens d
	positiv		negativ				
	M	SD	M	SD			
Affektiv-motivationale Adaptivität	4.69	0.84	4.19	1.04	7.61	<.001	0.56
Handlungsadaptivität	3.70	1.00	3.32	1.04	6.97	<.001	0.52
Negativer Affekt	1.36	0.43	1.57	0.61	-.01	<.001	-0.37

Anmerkung. Da die Korrelation der Variable Negativer Affekt zwischen den beiden Messzeitpunkten größer als $r = .50$ betrug, wodurch Cohens d überschätzt wird, wurde die Effektstärke für Cohens d entsprechend der Formel $d = 2 * (1-r) * t / \sqrt{N}$ korrigiert.

Die bivariaten Zusammenhänge zwischen der Adaptivität der Reaktionen auf das Feedback mit den Drittvariablen waren vornehmlich in der theoretisch angenommenen Richtung (siehe Tabelle 6).

Fehlersensibilität. Es konnte ein hochsignifikanter negativer Zusammenhang zwischen Fehlersensibilität und affektiv-motivationaler Adaptivität der Reaktionen auf das negative Feedback gefunden werden. Personen mit hohen Werten auf der Skala Fehlersensibilität zeigten demnach weniger affektiv-motivationale Adaptivität sowohl nach positivem als auch nach negativem Feedback. Überraschend war die gefundene positive Korrelation zwischen Fehlersensibilität und Handlungsadaptivität, die für beide Messzeitpunkten signifikant war. Die erwartete positive Korrelation zwischen Fehlersensibilität und negativem Affekt konnte für beide Messzeitpunkte bestätigt werden. Ebenfalls unerwartet war die negative Korrelation von Fehlersensibilität und positivem Affekt nach dem negativen Feedback. Probanden mit ausgeprägter Fehlersensibilität berichteten demzufolge nicht nur mehr negativen, sondern auch deutlich weniger positiven Affekt nach dem negativen Feedback.

Tabelle 6: Deskriptive Statistiken und Zero-Order-Korrelationen von Perfektionismus, Affekt, Adaptivität der Reaktionen auf das Feedback und Alter der Probanden

Variable	1	2	3	4	5	6	7	8	9	10	11
1 CM	—										
2 PS	.47**	—									
3 AAM t_1	-.29**	-.09	—								
4 AAM t_2	-.30**	-.13	.64**	—							
5 HA t_1	.26**	.32**	.10	.13	—						
6 HA t_2	.16*	.22**	.18**	.23**	.78**	—					
7 NA t_1	.30**	.13	-.09	-.10	.23**	.17*	—				
8 NA t_2	.35**	.21**	-.10	-.30**	.32**	.17*	.54**	—			
9 PA t_1	-.04	.24**	.26**	.23**	.22**	.25**	-.07	.06	—		
10 PA t_2	-.25**	.09	.22**	.33**	.12	.13	-.05	-.07	.52**	—	
11 Alter	-.16	-.20*	.05	.12	-.22**	-.19*	-.17*	-.18	.03	.08	—
Range	1 - 6	1 - 6	1 - 6	1 - 6	1 - 6	1 - 6	1 - 5	1 - 5	1 - 5	1 - 5	18 - 67
M	2.91	2.98	4.69	4.19	3.70	3.32	1.36	1.57	2.70	2.18	30.62
SD	0.97	0.89	0.84	1.04	1.00	1.04	0.43	0.61	0.70	0.75	11.31

Anmerkungen. N = 155. CM = Fehlersensibilität; PS = Hohe Standards; AAM t_1 = Affektiv-Motivationale Adaptivität nach positivem Feedback; AAM t_2 = Affektiv-Motivationale Adaptivität nach negativem Feedback; HA t_1 = Handlungsadaptivität nach positivem Feedback; HA t_2 = Handlungsadaptivität nach negativem Feedback; NA t_1 = Negativer Affekt nach positivem Feedback; NA t_2 = Negativer Affekt nach negativem Feedback; PA t_1 = Positiver Affekt nach positivem Feedback; PA t_2 = Positiver Affekt nach negativem Feedback.
**. Die Korrelation ist auf dem Niveau von 0.01 (2-seitig) signifikant.
*. Die Korrelation ist auf dem Niveau von 0.05 (2-seitig) signifikant.

Hohe Standards. Hohe Standards zeigten keine statistisch bedeutsame Korrelation mit negativem Affekt nach dem positiven Feedback, die Korrelation mit dem negativen Affekt nach dem negativen Feedback war jedoch hoch signifikant. Umgekehrt zeigte sich eine substantielle Korrelation zwischen der Subskala Hohe Standards und positivem Affekt nach dem positiven, sowie negativem Affekt nach dem negativen Feedback gefunden werden. Teilnehmer mit hohen Standards berichteten demnach mehr positiven Affekt nach dem positiven Feedback und mehr negativen Affekt nach dem negativen Feedback als Teilnehmer mit weniger hohen Standards. Zwischen hohen Standards und affektiv-motivationaler Adaptivität im Umgang mit dem Feedback zeigte sich keine signifikante Korrelation. Der Zusammenhang zwischen hohen Standards und Handlungsadaptivität war jedoch für beide Messzeitpunkte hoch signifikant.

Affektiv-motivationale Adaptivität. Die affektiv-motivationale Adaptivität der Reaktion auf das negative Feedback war statistisch bedeutsam positiv mit der Handlungsadaptivität der Reaktion auf das negative Feedback korreliert. Außerdem konnte ein signifikanter Zusammenhang der affektiv-motivationale Adaptivität der Reaktion auf das negative Feedback und dem positiven Affekt zu beiden Messzeitpunkten gefunden werden. Zudem zeigte sich ein hochsignifikanter Zusammenhang zwischen der affektiv-motivationalen Adaptivität der Reaktion auf das negative Feedback und dem negativen Affekt nach dem negativen Feedback.

Handlungsadaptivität. Unerwarteterweise zeigte sich ein hochsignifikanter Zusammenhang zwischen negativem Affekt und Handlungsadaptivität nach dem positiven sowie ein signifikanter Zusammenhang zwischen negativem Affekt und Handlungsadaptivität nach dem negativen Feedback. Außerdem war der Zusammenhang zwischen Handlungsadaptivität und positivem Affekt zu t_1 hochsignifikant, nicht jedoch der Zusammenhang mit dem berichteten positiven Affekt zu t_2. Insbesondere der negative Zusammenhang zwischen der Handlungsadaptivität und dem Alter der Teilnehmer zu beiden Messzeitpunkten war unerwartet.

5.2 Überprüfung der Voraussetzung der verwendeten statistischen Verfahren zur Testung der aufgestellten Hypothesen

Als geeignetes statistisches Verfahren zur Überprüfung der aufgestellten Hypothesen wurden Allgemeine Lineare Modelle (Varianzanalyse, *ANOVA* und Kovarianzanalyse, *ANCOVA*) mit Messwiederholung gewählt.

ANOVA und ANCOVA setzen eine Normalverteilung der Kovariaten und der abhängigen Variablen (AV) voraus. Nach Döring und Bortz (2016, S. 641) besagt das „[...] zentrale Grenzwerttheorem [...], dass die Verteilung von Mittelwerten aus Stichproben des Umfanges *n*, die einer beliebig verteilten Grundgesamtheit entnommen werden, einer Normalverteilung entspricht – vorausgesetzt, n ist genügend groß (mindestens $n \geq 30$)." Aus diesem Grund wird davon ausgegangen, dass alle in der vorliegenden Arbeit als Kovariaten eingesetzten Variablen annähernd normalverteilt sind. Um zu überprüfen, ob die Voraussetzung der ANCOVA erfüllt ist, dass ein linearer Zusammenhang zwischen der AV und der Kovariaten besteht, wurde eine lineare Regression gerechnet. Dabei wurde die Veränderung der Adaptivität vom ersten zum zweiten Messzeitpunkt als AV und Perfektionismus als unabhängige Variable (UV) eingesetzt. Beide Variablen waren zentriert. Das Ergebnis zeigte eine statistisch bedeutsame Korrelation der Variablen ($r = .17, p = .04$). Eine Kovarianzanalyse setzt zudem homogene Regressionskoeffizienten voraus. Um diese Voraussetzung zu überprüfen, wurden verschiedene univariate Modelle gerechnet, in denen der Interaktionsterm aus Gruppierungsvariable (Achtsamkeit –

Mindwandering) und der jeweiligen zentrierten Kovariate (Perfektionismus, Hohe Standards, Fehlersensibilität, Alter) auf Signifikanz geprüft wurde. Keiner der Interaktionsterme wurde signifikant, sodass die Voraussetzung homogener Regressionskoeffizienten als gegeben betrachtet werden kann. Auch die Homogenität der Kovariaten über die Gruppen wurde durch Zentrierung der unabhängigen und der als Kovariaten eingesetzten Variablen erreicht und mit univariaten Varianzanalysen bestätigt.

5.3 Manipulationskontrolle

Um zu testen, ob das negative Feedback zu mehr negativem Affekt führte als das positive Feedback, wurde ein Allgemeines Lineares Modell (ALM) mit Messwiederholung gerechnet. Dabei wurde das Feedback (positiv vs. negativ) als Messwiederholungsfaktor und negativer Affekt als abhängige Variable (AV) eingesetzt. Die Ergebnisse zeigen ein statistisch signifikantes Ergebnis für das Feedback mit $F(1, 154) = 25.05$, $p = < .001$, $\eta_p^2 = .14$, was einen statistisch bedeutsamen Unterschied des negativen Effekts zwischen dem ersten und zweiten Messzeitpunkt anzeigt. Abbildung 1 stellt die erfolgreiche Manipulation des negativen Affekts durch das Feedback grafisch dar.

ISÖ
Institut für
Sozialökologie

Abbildung 1: Mittelwert des negativen Affekts nach positivem und negativem Feedback. Fehlerbalken indizieren einfache Standardfehler.

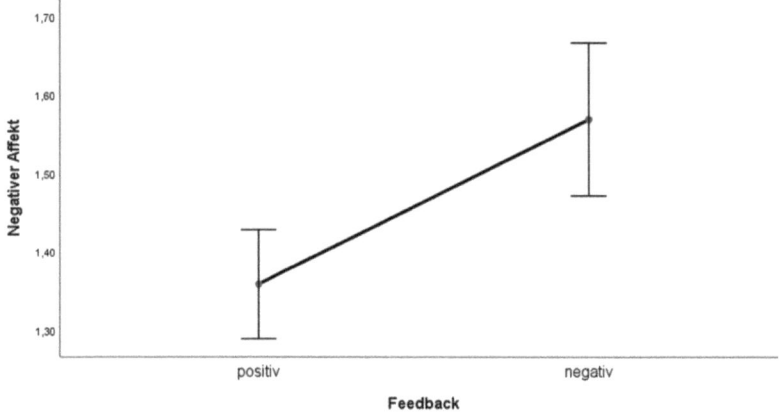

5.4 Zu Hypothese 1

Um die Hypothese zu überprüfen, dass negatives Feedback zu weniger adaptiven Reaktionen auf das negative Feedback führt, wurde eine *ANOVA* mit Messwiederholung gerechnet. Die Ergebnisse zeigen einen signifikanten Haupteffekt für das Feedback, $F(1, 153) = 98,73$, $p = <$ $.001$, $\eta_p^2 = .39$. Die Teilnehmer reagieren demnach weniger adaptiv auf das negative Feedback zum 1. Messzeitpunkt als auf das negative Feedback zum 2. Messzeitpunkt. Die Gesamtwerte der Adaptivität der Reaktionen auf das Feedback unterscheiden sich substantiell zwischen den beiden Messzeitpunkten. Die deskriptiven Maße können in Tabelle 10 abgelesen werden.

Anschließend wurden die Subskalen Affektiv-motivationale Adaptivität und Handlungsadaptivität getrennt als AV in das Modell eingefügt. Dabei wurde Perfektionismus konstant gehalten. Die Ergebnisse zeigten einen höchstsignifikanten Haupteffekt für das Feedback und für Perfektionismus, sowohl auf die affektiv-motivationale Adaptivität (siehe auch Tabelle 7) als auch auf die Handlungsadaptivität der Reaktionen und einen signifikanten Interaktionseffekt von Feedback*Perfektionismus auf die Handlungsadaptivität (siehe Tabelle 8).

Tabelle 7: Ergebnisse der Varianzanalyse zur affektiv-motivationalen Adaptivität der Reaktionen auf das Feedback

Effekt	df	SS	F	p	η_p^2
Between-subjects-Effekte					
Perfektionismus (P)	1	17.88	13.17	<.001	.08
Interventionsart (I)	1	<0.01	<0.01	1 .00	.001
Fehler 1	152	206.41			
Within-subject-Effekte					
Feedback (F)	1	18.95	57.07	<.001	.27
F × P	1	0.41	1.24	.27	.01
F × I	1	0.02	0.05	.82	<.001
Fehler 2	152	50.47			

Anmerkung. N = 155.

Tabelle 8: Ergebnisse der Varianzanalyse zur Handlungsadaptivität der Reaktionen auf das Feedback

Effekt	df	SS	F	p	η_p^2
Between-subjects-Effekte					
Perfektionismus (P)	1	23.64	13.68	<.001	.08
Interventionsart (I)	1	0.24	0.14	.71	.001
Fehler 1	152	262.75			
Within-subject-Effekte					
Feedback (F)	1	11.47	49.68	<.001	.25
F × P	1	0.94	4.07	.05	.002
F × I	1	0.08	0.33	.57	<.001
Fehler 2	15	35.08			

Anmerkung. N = 155.

Die Subskalen Fehlersensibilität, $F(1, 152) = 7,79$, $p = .006$, $\eta^2 = .05$, und Hohe Standards, $F(1, 152) = 13,57$, $p = < .001$, $\eta_p^2 = .08$, zeigten ebenfalls einen höchstsignifikanten Haupteffekt auf die behaviorale Adaptivität. Interessanterweise wurde der Interaktionseffekt Feedback*Fehlersensibilität, $F(1, 152) = 2,90$, $p = < .09$, $\eta_p^2 = .02$, nicht signifikant. Den Ergebnissen zufolge ist Hypothese 1 als bestätigt anzusehen.

ISÖ
Institut für
Sozialökologie

5.5   Zu Hypothese 2

Um zu prüfen, ob die Teilnehmer der Achtsamkeitsübung weniger negativen Affekt nach dem negativen Feedback berichten als die Teilnehmer der Mindwanderingübung, wurde eine zweifaktorielle Varianzanalyse mit Messwiederholung durchgeführt. Die Ergebnisse zeigten keinen statistisch bedeutsamen Haupteffekt für die Art der Intervention $F(1, 153) = < 1$, n.s.. Die Mittelwerte und Standardabweichungen des selbstberichteten negativen Affekts sind in Tabelle 9 aufgeführt. Die Teilnehmer beider Gruppen zeigten den Ergebnissen zufolge keine essentiellen Mittelwertsunterschiede hinsichtlich ihres selbstberichteten negativen Effekts nach dem negativen Feedback. Hypothese 2 kann den Ergebnissen zufolge nicht bestätigt werden.

Tabelle 9: Mittelwerte und Standardabweichungen des selbstberichteten negativen Affekts

	Feedback			
	positiv		negativ	
Negativer Affekt	*M*	*SD*	*M*	*SD*
Achtsamkeit (EG)	1.37	0.47	1.57	0.57
Mindwandering (KG)	1.35	0.39	1.57	0.66

Anmerkung. n_{EG} = 83; n_{KG} = 72.

5.6   Zu Hypothese 3

Die Hypothese, dass die Teilnehmer der Achtsamkeitsübung adaptiver mit dem negativen Feedback umgehen als die Teilnehmer der Mindwanderingübung wurde mithilfe einer ANOVA mit Messwiederholungsfaktor überprüft. Dabei zeigten sich keine statistisch bedeutsamen Haupteffekte oder Interaktionseffekte für die Interventionsart (Tabelle 11). Die Probanden in der Experimentalgruppe reagierten demnach nicht statistisch bedeutsam adaptiver auf das negative Feedback als die Probanden in der Kontrollgruppe. Die deskriptiven Maße können Tabelle 10 entnommen werden. Hypothese 3 kann nicht bestätigt werden.

Um das Ausbleiben des Mittelwertsunterschieds genauer zu untersuchen wurde mithilfe eines t-Tests für unabhängige Stichproben untersucht, ob sich die Einschätzungen der Schwierigkeit der Entspannungsübung zwischen Experimental- und Kontrollgruppe unterschied. Dabei zeigte sich, dass die Probanden in der Achtsamkeitsgruppe (*M* = 2.72, *D* = 0.72) die Übung

ISÖ
Institut für
Sozialökologie

hochsignifikant schwieriger erlebten als die Teilnehmer in der Mindwandering-Gruppe (M = 2.35, D = 0.88), $t(152)$ = 2.87, p = .005, d = 0.42.

Tabelle 10: Mittelwerte und Standardabweichungen der selbstberichteten Adaptivität der Reaktionen auf das Feedback

| | Feedback | | | |
| | positiv | | negativ | |
AV	M	SD	M	SD
	Affektiv-motivationale Adaptivität			
Achtsamkeit (EG)	4.70	0.72	4.20	0.99
Mindwandering (KG)	4.68	0.97	4.20	1.09
	Handlungsadaptivität			
Achtsamkeit (EG)	3.56	1.06	3.30	1.17
Mindwandering (KG)	3.76	0.93	3.34	0.89

Anmerkung. n_{EG} = 83; n_{KG} = 72.

Tabelle 11: Ergebnisse der Varianzanalyse zur Adaptivität der Reaktionen auf das Feedback

Effekt	df	SS	F	p	η_p^2
	Between-subjects-Effekte				
Interventionsart (I)	1	0.01	0.01	.92	<.001
Fehler 1	153	224.29			
	Within-subject-Effekte				
Feedback (F)	1	18.96	57.02	<.001	.27
F × I	1	0.01	0.04	.85	<.001
Fehler 2	153	50.88			

Anmerkung. N = 155.

5.7   Zu Hypothese 4

Um zu überprüfen, ob Perfektionismus dazu führt, dass nach dem negativen Feedback mehr negativer Affekt erlebt wird, wurden die Daten hinsichtlich ihrer Ausprägung auf den Skalen Hohe Standards, Fehlersensibilität und dem Perfektionismus-Gesamtwert klassiert. Dazu wurde ein Cut-Off so festgelegt, dass jeweils 50 Prozent der Werte über bzw. unter dem festgesetzten Wert lagen. Der Cut-Off Wert wurde mithilfe der Funktion *Visuelle Klassierung* von SPSS festgelegt und kann mit den Mittelwerten Tabelle 12 entnommen werden.

ISÖ
Institut für
Sozialökologie

Tabelle 12: Cut-Off- und Mittelwerte für die Klassierung der Perfektionismus-Skalen

Ausprägung	Perfektionismus		Fehlersensibilität		Hohe Standards	
	high	low	high	low	high	low
Cut-Off	> 3.375	≤ 3.375	> 2.778	≤ 2.778	> 4.143	≤ 4.143
Mittelwert	0.52	0.48	0.52	0.48	0.54	0.46

Anmerkung. N = 155.

Perfektionismus wurde als zusätzlicher Between-subjects-Faktor neben der Interventionsart in eine ANOVA eingesetzt. Die Ergebnisse (siehe Tabelle 13) zeigen, dass nach negativem Feedback durchschnittlich mehr negativer Affekt berichtet wurde und dass Personen mit hohen Perfektionismus-Werten sowohl nach dem positiven als auch nach dem negativen Feedback substantiell mehr negativen Affekt berichten als Personen mit geringer ausgeprägtem Perfektionismus (siehe Abbildung 2). Die deskriptiven Maße können Tabelle 14 entnommen werden.

Abbildung 2: Mittlerer negativer Affekt in Abhängigkeit vom erhaltenden Feedback und der Ausprägung des Perfektionismus. Fehlerbalken indizieren einfache Standardfehler.

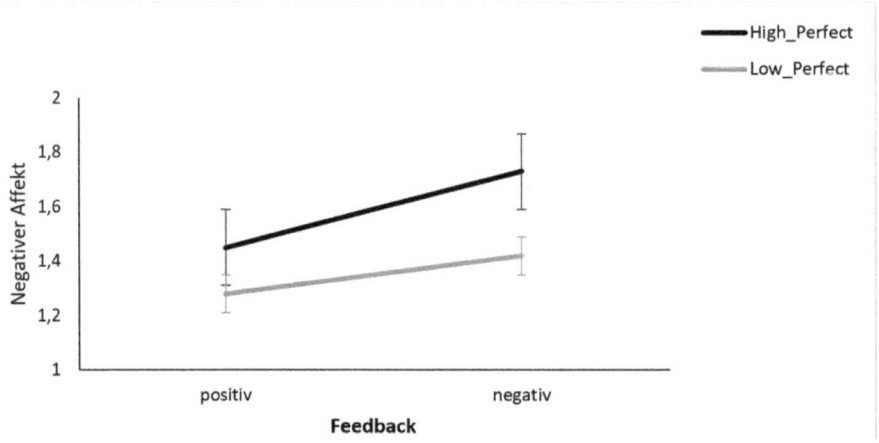

Wurde die Subskala *Hohe Standards* als Kovariate eingesetzt, zeigte sich ebenfalls ein hochsignifikanter Haupteffekt für Hohe Standards, $F(1, 152) = 6.34$, $p = .01$, $\eta_p^2 = .04$. Betrachtet man die Regressionskoeffizienten der Parameterschätzungen, zeigt sich, dass Teilnehmer mit hohen Standards zum 2. Messzeitpunkt mehr negativen Affekt erleben als Teilnehmer mit weniger hohen Standards ($\beta = .14$, $p = .01$), siehe auch Tabelle 6. Dieser Zusammenhang wurde

ISÖ
Institut für
Sozialökologie

für den 1. Messzeitpunkt jedoch nicht signifikant wird (β = .06, p = .11). Der Interaktionsterm Feedback*Hohe Standards wurde nicht signifikant, $F(1, 152)$ = 2.74, p = .1, η_p^2 = .02. Hypothese 4 kann den Ergebnissen zufolge teilweise bestätigt werden.

Tabelle 13: Ergebnisse der Varianzanalyse zum selbstberichteten negativen Affekt

Effekt	df	SS	F	p	η_p^2
	Between-subjects-Effekte				
Interventionsart (I)	1	0.01	0.03	.87	.001
Perfektionismus (P)	1	4.75	12.11	<.001	.07
I × P	1	0.94	2.40	.12	.02
Fehler 1	151	59.21			
	Within-subject-Effekte				
Feedback (F)	1	3.52	25.85	<.001	.15
F × I	1	0.01	0.05	.83	<.001
F × P	1	0.44	3.24	.07	.02
F × I × P	1	0.21	1.56	.21	.02
Fehler 2	151	20.59			

Anmerkung. *N* = 155.

Tabelle 14: Mittelwerte und Standardabweichungen des selbstberichteten negativen Affekts

	Feedback							
	positiv				negativ			
	Low_Perf		High_Perf		Low_Perf		High_Perf	
Negativer Affekt	M	SD	M	SD	M	SD	M	SD
Achtsamkeit (EG)	1.31	0.45	1.43	0.48	1.50	0.55	1.66	0.58
Mindwandering (KG)	1.24	0.31	1.47	0.44	1.33	0.30	1.82	0.82
n_{EG}	44		39					
n_{KG}	37		35					

Anmerkung. Low_Perf = geringe Ausprägung bei Perfektionismus; High_Perf = hohe Ausprägung bei Perfektionismus. Perfektionismus setzt sich hier zusammen aus der Addition der Werte der Skalen Hohe Standards und Fehlersensibilität.

5.8 Zu Hypothese 5

Wurden die Subskalen *Fehlersensibilität* als Between-subjects-Faktor in die o.g. ANOVA aufgenommen zeigte sich ein signifikanter Haupteffekt für Fehlersensibilität (siehe Tabelle 15).

ISÖ
Institut für
Sozialökologie

Demnach berichteten die Teilnehmer mit hoher Ausprägung auf der Subskala Fehlersensibilität mehr negativen Effekt nach dem Feedback, sowohl zum ersten als auch zum zweiten Messzeitpunkt (siehe auch Tabelle 6). Der Interaktionseffekt Feedback*Fehlersensibilität wurde knapp nicht signifikant. Mittelwerte und Standardabweichungen können Tabelle 9 entnommen werden. Die Hypothese, dass Personen mit höheren Werten auf der Perfektionismus-Skala Fehlersensitivität mit stärker negativem Affekt auf negatives Feedback reagieren als Personen mit weniger ausgeprägter Fehlersensitivität kann den Ergebnissen zufolge zwar bestätigt werden. Allerdings reagierten Personen mit ausgeprägter Fehlersensibilität insgesamt mit mehr negativem Affekt auf Feedback, nicht speziell auf das negative Feedback.

Tabelle 15: Ergebnisse der Varianzanalyse zum selbstberichteten negativen Affekt

Effekt	df	SS	F	p	η_p^2
Between-subjects-Effekte					
Interventionsart (I)	1	0.09	0.23	.63	.002
Fehlersensibilität (CM)	1	9.09	24.87	<.001	.14
Fehler 1	152	55.54			
Within-subject-Effekte					
Feedback (F)	1	3.44	25.22	<.001	.14
F × CM	1	0.48	3.49	.06	.02
F × I	1	<0.01	0.01	.94	<.001
Fehler 2	152	20.72			

Anmerkung. N = 155.

5.9 Zu Hypothese 6

Die Korrelationsanalyse zeigte einen statistisch bedeutsamen Zusammenhang zwischen der Subskala Hohe Standards und dem Alter der Teilnehmer. Je älter die Teilnehmer waren, desto weniger hohe Standards berichteten sie demnach. Dieser Zusammenhang zeigte sich nicht für Fehlersensibilität. Des Weiteren zeigte sich ein negativer Zusammenhang zwischen dem Alter der Teilnehmer und negativem Affekt zu beiden Messzeitpunkten. Die genauen Werte können Tabelle 6 entnommen werden. Hypothese 6 kann den Ergebnissen zufolge als teilweise bestätigt betrachtet werden.

ISÖ
Institut für
Sozialökologie

6 Diskussion der Ergebnisse im wissenschaftlichen Kontext, Forschungsdesiderate und Limitationen

Das erste Ziel der Arbeit war es, zu prüfen, ob die Adaptivität der Reaktionen auf Fehler durch den Kontext beeinflusst und somit als State konzipiert werden kann. Außerdem sollte untersucht werden, ob sich die Adaptivität der Reaktionen auf Fehler durch eine kurze Online-Achtsamkeitsintervention positiv beeinflussen lässt und welche Rolle Perfektionismus in diesem Zusammenhang spielt. Einige der aufgestellten Hypothesen konnten dabei bestätigt werden. Die Manipulation des negativen Affekts durch das (falsche) negative Feedback war erfolgreich. Die Teilnehmer erlebten deutlich mehr negativen Affekt nach dem falsch-negativen Feedback als nach dem falsch-positiven. Die gefundenen Effekte hinsichtlich Fehlersensibilität, hohen Standards und negativem Affekt entsprechen den postulierten Erwartungen: Personen mit ausgeprägter Fehlersensibilität erleben insgesamt mehr negativen Affekt nach Feedback als andere Personen und reagieren auf der affektiv-motivationalen Ebene weniger adaptiv auf das negative Feedback. Teilnehmer mit hohen Werten auf der Skala Hohe Standards berichteten mehr negativen Affekt nach dem negativen Feedback als solche mit niedrigeren Werten. Ein Unterschied zwischen Experimental- und Kontrollgruppe konnte jedoch weder im Hinblick auf negativen Affekt noch im Hinblick auf Adaptivität der Reaktionen auf das Feedback gefunden werden.

Manipulation-Check. Die in Abschnitt 2.1.2 vorgestellten Ansätze von Kuhl (2018), Oser und Spychiger (2005) und Tangney et al. (2007) postulieren, dass aus einem Fehler oder Scheitern negativer Affekt resultiert. Diese Annahme steht im Einklang mit der erfolgreichen Manipulation in der vorliegenden Untersuchung. Durch die Erzeugung einer Situation, in der die Teilnehmer das Feedback bekamen, dass sie bei der Lösung von mentalen Rotationaufgaben unterdurchschnittlich gut abgeschnitten hatten, konnte ein bedeutsamer Zuwachs an negativem Affekt verzeichnet werden.

Korrelationsanalysen. Die Korrelationsanalysen zeigten einen statistisch bedeutsamen negativen Zusammenhang zwischen dem negativen Affekt nach dem negativen Feedback und der affektiv-motivationalen Adaptivität der Reaktion auf das negative Feedback, was im Einklang mit den theoretischen Überlegungen von Dresel et al. (2013) steht. Überraschend war der signifikante positive Zusammenhang zwischen negativem Affekt und der Handlungsadaptivität zu beiden Messzeitpunkten. Dieser Befund kann unterschiedlich interpretiert werden. Betrachtet man Emotionen als im Sinne von Eder und Brosch (2017) als handlungsvorbereitend, könnte der Umstand, dass ausgeprägter negativer Affekt zu mehr Handlungsadaptivität führt, als Versuch interpretiert werden, den negativen Affekt durch die Absicht, den Fehler zu korrigieren, zu reduzieren. Der gefundene Zusammenhang steht jedoch in Widerspruch zu der Annahme von Dresel et al. (2013), die postulieren, dass die Regulation negativer Affekte als Voraussetzung für Handlungsadaptivität betrachtet werden kann. Der Widerspruch ist unter Umständen auch auf die erfolgte Adaptation des Fragebogens der Autoren zurückzuführen. Insgesamt zeigt sich, dass das Zusammenspiel von Affekt und Adaptivität zu komplex ist, um es auf allgemeine Aussagen hinunterbrechen zu können. Es wären weitere Studien wünschenswert, in denen der Zusammenhang zwischen Affekt und der Adaptivität von Reaktionen auf Fehler genauer untersucht wird. Es könnte sinnvoll sein, dabei spezifische Emotionen und nicht allgemein negativen Affekt zu untersuchen. Die von Dresel und Kollegen gefundene Korrelation zwischen den beiden Subskalen der Adaptivität der Fehlerreaktionen nach dem negativen Feedback konnte hier bestätigt werden. Die affektiv-motivationale Adaptivität war statistisch bedeutsam mit positivem Affekt zu beiden Messzeitpunkten korreliert. Dieses Ergebnis könnte bedeuten, dass Teilnehmer, die auf affektiv-motivationaler Ebene adaptiv mit Fehlern oder negativem Feedback umgehen, insgesamt mehr positiven Affekt erleben. Es könnte jedoch auch sein, dass die Teilnehmer, die mehr positiven Affekt erleben, adaptiver mit Fehlern umgehen können, es ihnen also leichter fällt, ihre Lernfreude und Motivation aufrechtzuerhalten als solchen, die weniger positiven Affekt erlebt haben. Es wäre wünschenswert, wenn zukünftige Studien genauer untersuchten, ob positiver Affekt die affektiv-motivationale Adaptivität im Umgang mit Fehlern erleichtert oder ob affektiv-motivationale Adaptivität dazu führt, dass mehr positiver Affekt erlebt wird.

Hypothese 1. Die Hypothese, dass negatives Feedback zu weniger adaptiven Reaktionen auf Fehler führt, konnte bestätigt werden. Teilnehmer mit hoher Fehlersensibilität zeigten wie erwartet bedeutsam weniger affektiv-motivationale Adaptivität im Hinblick auf ihre Reaktion auf das Feedback zu beiden Messzeitpunkten. Greift man die Befunde von Stoeber et al. (2018) hinsichtlich des Zusammenhangs zwischen maladaptivem Perfektionismus und Leistungsvermeidungszielen auf, kann argumentiert werden, dass Personen mit hoher Fehlersensibilität auch nach dem positiven Feedback negativen Affekt berichten, weil sie aus der Befürchtung heraus, als inkompetent bewertet zu werden, Leistungssituationen grundsätzliche eher unangenehm empfinden und sie meiden. Das könnte auch erklären, warum der Zusammenhang

ISÖ
Institut für
Sozialökologie

zwischen Fehlersensibilität und affektiv-motivationaler Adaptivität der Reaktionen auf das Feedback nur marginal signifikant geworden ist. Möglicherweise erlebten die Probanden mit ausgeprägter Fehlersensibilität die Aufgaben zur mentalen Rotation als unangenehm. Die Annahme wird durch das Ergebnis gestützt, dass Teilnehmer auch nach dem positiven Feedback bedeutsam mehr negativen Affekt berichten als andere Teilnehmer. Das könnte außerdem dazu geführt haben, dass das Betrachten des zweiten (negativen) Feedbacks vermieden würde, was wiederum im Einklang mit den Befunden von Santanello und Gardner (2007) stünde. Um diese theoretischen Annahmen darüber, warum der erwartete Interaktionseffekt zwischen Feedback und Fehlersensibilität nur marginal signifikant wurde, zu überprüfen, könnte in zukünftigen Forschungsarbeiten mit Eye-Trackern die Blickdauer der Teilnehmer auf das Feedback erfasst werden. Auf diese Weise könnte herausgefunden werden, ob Personen mit ausgeprägter Fehlersensibilität das Feedback vermeiden. In diesem Fall sollte die Dauer der Betrachtung durchschnittlich substantiell kürzer sein als die Blickdauer anderer Teilnehmer. Um in diesem Fall die Zusammenhänge mit Vermeidungs- und Annäherungszielen zu bestätigen, könnte dabei auch die Zielorientierung der Probanden erhoben werden.

Hypothese 2 und 3. Es konnte kein statistisch bedeutsamer Gruppenunterschied zwischen der Achtsamkeits-Gruppe und der Mindwandering-Gruppe hinsichtlich des negativen Affekts und der Adaptivität der Reaktionen auf das Feedback gefunden werden, sodass die Hypothesen zwei und drei verworfen werden mussten. Da Dummel und Stahl (2018) mit den gleichen Übungen einen Effekt auf verschiedene abhängige Variablen verzeichnen konnten, ist das Ausbleiben des Effekts möglicherweise auf das Design der Studie zurückzuführen. Möglicherweise ist ein intensiveres oder regelmäßiges Achtsamkeitstraining erforderlich, um statistisch und besonders auch praktisch bedeutsame Effekte auf Affekt und Adaptivität der Reaktionen auf negatives Feedback zu erhalten. Auch Shapiro und Carlson (2011) postulieren in ihrem Modell Achtsamer Praxis, dass die Effekte auf Absicht, Aufmerksamkeit und Haltung erst durch regelmäßiges Praktizieren erreicht werden. Hier wären Längsschnittuntersuchungen wünschenswert, insbesondere auch zur Klärung, ob Achtsamkeitstraining anderen Entspannungsangeboten im Hinblick auf die Steigerung der Adaptivität im Umgang mit Fehlern und die Reduktion von negativem Affekt (im Sinne des Modells Achtsamer Praxis nach Shapiro und Carlson (2011) nach negativem Feedback langfristig überlegen ist. Das Ausbleiben eines Effekts in der vorliegenden Studie ist möglicherweise auch auf Eigenschaften der verwendeten Übung zurückzuführen. Einige Teilnehmer gaben per E-Mail die Rückmeldung, dass sie die Achtsamkeitsübung als unangenehm und wenig entspannend erlebt hätten, da zu viel geredet worden

ISÖ
Institut für
Sozialökologie

sei. Dies ist vermutlich dem Umstand geschuldet, dass versucht wurde, die Dauer beider Übungen gleichzuhalten und 10 Minuten nicht zu überschreiten, obwohl der Text der Achtsamkeitsübung deutlich länger war als der der Mindwanderingübung. Dies führte zu einer sehr komprimierten Audiodatei. Diese Überlegungen werden auch dadurch gestützt, dass die Achtsamkeitsübung von einigen Teilnehmern als schwierig eingeschätzt wurde, was bei der Mindwanderingübung nicht der Fall war. Statt die Texte möglichst wenig zu verändern wäre eine Kürzung der Achtsamkeitsübung möglicherweise sinnvoll gewesen, um mehr Pausen für die Teilnehmer zu erhalten. In weiteren Untersuchungen sollte darauf geachtet werden, etwa gleich lange Texte für beide Übungen einzusetzen und ausreichende Pausen einzubauen.

Hypothese 4. Die Hypothese, dass Perfektionismus dazu führt, dass nach dem negativen Feedback mehr negativer Affekt erlebt wird, konnte teilweise bestätigt werden. Teilnehmer mit hohen Standards berichten jedoch nur nach dem negativen Feedback mehr negativen Affekt als Teilnehmer mit weniger hohen Standards. Diese Ergebnisse stehen im Einklang mit den Befunden von Besser et al. (2004) sowie Campbell und Di Paula (2002). Der Befund, dass Teilnehmer mit ausgeprägt hohen Standards mehr positiven Affekt nach dem positiven Feedback berichten als Teilnehmer mit weniger hohen Standards steht im Einklang mit den Annahmen von Frost et al. (1993) und Campbell und Di Paula (2002), die einen positiven Zusammenhang zwischen adaptivem Perfektionismus (Perfectionistic Striving) und positivem Affekt berichten, aber auch mit der Annahme von Hamachek (1978), dass Personen mit adaptivem Perfektionismus kleinere Abweichungen vom angestrebten Ergebnis tolerieren und das Ergebnis trotzdem als Erfolg erleben können. Das Ergebnis steht in Widerspruch zu den Befunden von Stoeber und Yang (2010), dass Personen mit hohen Standards nur dann mehr positiven Affekt berichten als Personen mit weniger hohen Standards, wenn sie ein perfektes Ergebnis erreichen. Da kein positiver Zusammenhang zwischen hohen Standards und negativem Affekt nach dem positiven Feedback gefunden wurde, scheint das Ergebnis auch nicht kongruent mit den Befunden von Stoeber et al. (2014) zu sein, dass adaptiver Perfektionismus dazu befähigt, ein Misserfolgserlebnis zu tolerieren und erst auf wiederholtes Misserfolgserleben maladaptiv zu reagieren. Bei dieser Interpretation sollte allerdings berücksichtigt werden, dass Stoeber et al. (2014) spezifisch Ängstlichkeit, Ärger und Depression als negativen Affekt erfassen, während negativer Affekt in der vorliegenden Arbeit weiter gefasst war.

Hohe Standards zeigten keine statistisch bedeutsame Korrelation mit negativem Affekt nach dem positiven Feedback. Die Korrelation mit dem negativen Affekt nach dem negativen Feedback war jedoch hoch signifikant. Umgekehrt zeigt sich eine substantielle Korrelation zwischen der Subskala Hohe Standards und positivem Affekt zum 1., nicht jedoch zum 2. Messzeitpunkt. Teilnehmer mit hohen Standards berichteten demnach mehr positiven Affekt nach dem positiven Feedback und mehr negativen Affekt nach dem negativen Feedback als Teilnehmer mit weniger hohen Standards. Offensichtlich erlebten die Teilnehmer mit hohen Standards das positive Feedback als bestätigend und berichteten auch mehr positiven Affekt als solche mit weniger hohen Standards. Da das positive Feedback eine überdurchschnittliche, aber nicht perfekte Leistung rückmeldete, widerspricht dieses Ergebnis den Befunden von Stoeber und Yang (2010). Diese kamen zu dem Schluss, dass Personen, die nach Perfektion streben nur dann mehr positiven Affekt berichten als solche mit weniger hochgesteckten Zielen, wenn sie ein perfektes Ergebnis erzielen. Zwischen hohen Standards und affektiv-motivationaler Adaptivität im Umgang mit dem Feedback zeigte sich keine signifikante Korrelation. Der Zusammenhang zwischen hohen Standards und Handlungsadaptivität war jedoch für beide Messzeitpunkte hoch signifikant. Dieser Befund steht in Einklang mit den Ergebnissen von Stoeber und Otto (2006), die einen positiven Zusammenhang zwischen perfektionistische Bestrebungen und positiven Charakteristika postulieren. Von den theoretischen Überlegungen von Dresel et al. (2013) ausgehend kann argumentiert werden, dass perfektionistisches Streben in seinem Zusammenhang mit Lernzielorientierung (Stoeber et al., 2018) durchaus Überschneidungen mit dem Konzept der Handlungsadaptivität aufweist.

Hypothese 5. Probanden mit hohen Werten auf der Subskala Fehlersensibilität berichteten sowohl nach dem positiven als auch nach dem negativen Feedback mehr negativen Affekt als Probanden mit geringerer Ausprägung auf dieser Skala. Die postulierte positive Korrelation zwischen Fehlersensibilität und negativem Affekt konnte für beide Messzeitpunkte bestätigt werden. Teilnehmer mit ausgeprägter Fehlersensibilität berichteten den Ergebnissen zufolge mehr negativen Affekt nach dem negativen Feedback als Teilnehmer mit geringerer Ausprägung auf diesem Faktor.

Wie erwartet zeigte sich ein negativer Zusammenhang zwischen Fehlersensibilität und affektiv-motivationaler Adaptivität der Reaktionen auf das Feedback. Dieses Ergebnis kann als Bestätigung dafür dienen, dass der adaptierte Fragebogen zur Erfassung der Adaptivität der Reaktionen auf Fehler intern valide ist, da die Konstrukte Fehlersensibilität und affektiv-motivationale Adaptivität gewisse Überschneidungen aufweisen, zumal sich beide auf den Umgang mit Fehlern beziehen. Überraschenderweise korrelierte die Fehlersensibilität jedoch positiv mit der Handlungsadaptivität zu beiden Messzeitpunkten. Dies kann als Hinweis darauf gedeutet werden, dass Personen mit hoher Fehlersensibilität sehr bestrebt sind, Fehler zu vermeiden und deshalb ihre Handlung entsprechend anpassen. Dieses Ergebnis widerspricht jedoch tendenziell den theoretischen Überlegungen von Dresel et al. (2013), die postulieren, dass die Regulation negativer Affekte eine notwendige Bedingung für die Handlungsadaptivität gelten kann. Hier kann argumentiert werden, dass sich die Fehlersensibilität möglichweise tatsächlich mehr auf Affekte und motivationale Veränderungen nach einem negativen Feedback und damit eher auf die affektiv-motivationale Adaptivität und weniger auf die behaviorale Ebene (Handlungsadaptivität) auswirkt. Trotz des starken Zusammenhangs mit negativem Affekt hat Fehlersensibilität demnach auch eine adaptive Komponente zu verzeichnen.

Hypothese 6. Die Ergebnisse bestätigen den postulierten negativen Zusammenhang zwischen dem Alter der Teilnehmer und negativem Affekt. Je älter die Teilnehmer waren, desto weniger negativen Affekt berichteten sie. Dieses Ergebnis steht in Einklang mit der Sozioemotionalen Selektivitätstheorie von Carstensen (1992, 2006), die argumentiert, dass Menschen mit zunehmendem Alter und angesichts der sich verringernden Lebenszeit emotionale Ziele priorisieren, um in ihren Handlungen Sinn zu finden und emotionale bedeutsame Situationen zu erleben. Additiv setzen ältere Menschen effektivere Emotionsregulationsstrategien ein, um diese Ziele zu erreichen (Charles & Carstensen, 2013; Gunning-Dixon et al., 2003; Mather & Carstensen, 2005).

Des Weiteren konnten negative Zusammenhänge zwischen dem Alter der Teilnehmer und den selbstberichteten hohen Standards, sowie negativem Affekt sowohl nach dem positiven als auch nach dem negativen Feedback gefunden werden. Diese Befunde könnten so interpretiert werden, dass perfektionistisch veranlagten Menschen mit zunehmendem Alter ihre Fähigkeiten adäquater einschätzen können und sich realistischere Ziele setzen. Eine Alternativerklärung könnte außerdem sein, dass Menschen mit zunehmendem Alter mehr auf ihre Bedürfnisse achten und ihre Prioritäten anpassen. Eine weitere Interpretationsmöglichkeit im Sinne der Befunde von Curran und Hill (2017) wäre, dass Perfektionismus in den nachrückenden Generationen, also den jungen Menschen, weiter zunimmt, sodass die Generation Y über höhere Werte auf der Subskala Hohe Standards verfügt als Angehörige anderer Generationen.

Unerwartet war der negative Zusammenhang zwischen der Handlungsadaptivität der Teilnehmer zu beiden Messzeitpunkten und dem Alter der Teilnehmer. Im Sinne der sozioemotionalen Selektivitätstheorie und auch im Hinblick auf die anderen im Zusammenhang mit Alter gefundenen Ergebnisse war eher ein positiver Zusammenhang zwischen Handlungsadaptivität und Alter zu erwarten gewesen. Dies kann als Hinweis darauf interpretiert werden, dass Personen mit zunehmendem Alter zwar ihre Aufmerksamkeit und auch ihre Erinnerungen eher auf positive Aspekte richten, sich dieser Effekt jedoch nicht auf Handlungsebene zeigt. Möglicherweise sinken mit zunehmendem Alter Flexibilität, Anpassungs- und Anstrengungsbereitschaft. Dies würde im Einklang mit den hier gefundenen Ergebnissen stehen, dass die Teilnehmer mit zunehmendem Alter weniger hohe Standards berichteten. Im Sinne der sozioemotionalen Selektivitätstheorie könnte vermutet werden, dass die Prioritäten im höheren Lebensalter auf positiven Erfahrungen und weniger auf Leistung und Anpassung gesetzt werden.

Limitationen

Die vorliegende Studie beinhaltet verschiedene Limitationen. Es wäre möglicherweise sinnvoll, eine weitere Kontrollgruppe, die ein Treatment erhält, dass keine Entspannungsübung ist, in das Design aufzunehmen. Auf diese Weise könnten die Effekte einer Achtsamkeitsübung nicht nur mit anderen Entspannungsverfahren, sondern auch bspw. mit einer Konzentrationsübung verglichen werden.

Die vorgenommene Randomisierung stellt zwar sicher, dass keine systematischen Unterschiede hinsichtlich der Eigenschaften der Gruppenzugehörigen bestehen. Allerdings führt die Zusammensetzung der Stichprobe (deutlich mehr weibliche Teilnehmer und überdurchschnittliche hohes Bildungsniveau) zu einer begrenzten Generalisierbarkeit der Ergebnisse. Auch war die Stichprobe aufgrund des Umstands, dass viele Datensätze ausgeschlossen werden mussten, unter Umständen zu klein, um kleine Effekte aufzudecken, wie sie in der vorliegenden Untersuchung zu erwarten waren. In weiteren Untersuchungen sollte eine noch größere Stichprobe verwendet werden, um auch kleine Effekte aufdecken zu können. Dabei sollte jedoch die Praxisrelevanz nicht aus den Augen verloren werden.

Die Achtsamkeitsübung konnte möglicherweise keine State-Achtsamkeit induzieren. Das kann auf verschiedene Faktoren zurückzuführen sein, bspw. gaben einige Teilnehmer die Rückmeldung, dass sie die Übung als unangenehm erlebt hatten, weil zu viel gesprochen wurde, sodass sie nicht entspannen konnten. Das würde auch erklären, warum mehr Teilnehmer der Achtsamkeitsübung als der Mindwanderingübung berichteten, dass ihnen die Übung schwergefallen sei; in zukünftigen Forschungsarbeiten sollten andere Achtsamkeitsübungen entwickelt und angewendet werden, um Vergleichsmöglichkeiten zu erhalten.

Eine weitere Limitation stellt die Erfassung der Daten mithilfe von Fragebögen mit Selbstberichten dar. Diese sind nur eingeschränkt interpretierbar, da ggf. keine realistische Selbsteinschätzung und/oder Verzerrungen durch Soziale Erwünschtheit möglich ist. In weiteren Studien wäre eine Kombination aus Selbst- und Fremdberichtsdaten im Hinblick auf Adaptivität und Perfektionismus von wünschenswert.

Des Weiteren wurden nur zwei Facetten des Perfektionismus nach Frost et al. (1990) berücksichtigt. Es wäre interessant, auch andere Perfektionismus-Facetten im Zusammenhang mit der Adaptivität der Reaktionen auf Fehler und Achtsamkeit zu untersuchen. Außerdem wurden ausschließlich affektive Aspekte von Perfektionismus untersucht. Es sind jedoch auch Forschungsarbeiten erforderlich, die die kognitiven Aspekte von Perfektionismus (automatische perfektionistische Gedanken als State-Perfektionismus) im Zusammenhang mit Achtsamkeitstrainings und im Zusammenhang mit der Adaptivität der Reaktion auf Fehler untersuchen.

Eine weitere Einschränkung resultiert daraus, dass die Umgebung der Teilnehmer während der Studienteilnahme nicht kontrolliert werden konnte. Möglicherweise hätte eine kurze Achtsamkeitsübung in einem kontrollierten Setting zu anderen Effekten geführt. Es wäre wünschenswert, dieser Frage in weiteren Studien nachzugehen. Auch sollten die Glaubwürdigkeit des Feedbacks sowie das vermutete Ziel der Studie bei zukünftigen Studien abgefragt werden.

Fazit

Ziel der vorliegenden Arbeit war es, herauszufinden, ob sich die Adaptivität der Reaktionen auf Fehler durch eine kurze Online-Achtsamkeitsübung beeinflussen lässt. Dabei sollte insbesondere auch herausgefunden werden, ob Perfektionisten mit mehr negativem Affekt und geringerer Adaptivität auf Fehler reagieren als andere Teilnehmer und welchen Einfluss das Alter der Teilnehmer auf die Adaptivität der Reaktion auf Fehler hat. Um diesen Forschungsfragen nachzugehen, wurde ein computerbasiertes Experiment durchgeführt, bei dem die Teilnehmer zufällig den Versuchsbedingungen zugeordnet wurden, wobei die Experimentalgruppe an einer Achtsamkeitsübung, die Kontrollgruppe an einer Mindwanderingübung teilnahm.

ISÖ
Institut für
Sozialökologie

Die Ergebnisse zeigen, dass die hier durchgeführte kurze Online-Achtsamkeitsübung nicht geeignet ist, um kurzfristig zu adaptiverem Umgang mit Fehlern zu verhelfen oder negativen Affekt zu reduzieren. Da in den meisten Studien, die die Wirksamkeit von Achtsamkeit untersuchen, positive Effekte gefunden werden konnten, ist anzunehmen, dass regelmäßiges Üben über einen gewissen Zeitraum erforderlich ist, um statistisch bedeutsame Effekte zu finden. Die Ergebnisse der vorliegenden Untersuchung erlauben damit keinen eindeutigen Schluss darauf, dass Achtsamkeitstrainings wirksam sind. Hier wären Studien wünschenswert, die verschiedene Achtsamkeitstrainings systematisch hinsichtlich ihrer Effekte auf affektiv-motivationaler und behavioraler Ebene vergleichen und eindeutig von Entspannungstrainings abgrenzen.

Personen mit hoher Fehlersensibilität berichteten zu beiden Messzeitpunkten mehr negativen Affekt und eine geringere affektiv-motivationale Adaptivität als andere Teilnehmer, während Personen mit hohen Standards nur nach dem negativen Feedback mehr negativen Affekt, aber eine höhere Handlungsadaptivität zu beiden Messzeitpunkten berichteten. Ältere Teilnehmer berichteten weniger hohe Standards und weniger Handlungsadaptivität.

Eine ausgeprägte Fehlersensibilität und übermäßig hohe Standards können sich negativ auf die Fertigkeit, aus Fehlern zu lernen, auswirken und sich als Vulnerabilitätsfaktor für psychopathologische Symptome und Vermeidungsverhalten erweisen. Die vorliegende Arbeit zeigt jedoch, dass sich die Adaptivität im Umgang mit Fehlern durchaus beeinflussen lässt. Auch wenn sich die Achtsamkeitsübung in der hier gewählten Form als nicht wirksam erwiesen hat, zeigt sich doch, dass positives Feedback zu signifikant adaptiverem Umgang mit Fehlern führt als negatives Feedback. Das bedeutet, dass die Art und Weise, mit der Feedback gegeben wird, sich – abhängig von Eigenschaften der Person – sowohl auf affektiver als auch auf behavioraler Ebene auf den Umgang mit Fehlern auswirkt. Weitere Studien könnten Aufschluss darüber geben, inwieweit sich Leistungsverhalten, Leistungsmotivation und eine achtsame Haltung vereinbaren lassen.

Literatur

Abbott, R. A., Whear, R., Rodgers, L. R., Bethel, A., Thompson Coon, J., Kuyken, W. et al. (2014). Effectiveness of mindfulness-based stress reduction and mindfulness based cognitive therapy in vascular disease. A systematic review and meta-analysis of randomised controlled trials. *Journal of Psychosomatic Research, 76* (5), 341–351. https://doi.org/10.1016/j.jpsychores.2014.02.012

Aikens, K. A., Astin, J., Pelletier, K. R., Levanovich, K., Baase, C. M., Park, Y. Y. et al. (2014). Mindfulness goes to work. Impact of an online workplace intervention. Journal of Occupational and Environmental Medicine, 56 (7), 721–731. https://doi.org/10.1097/JOM.0000000000000209

Aldea, M. A. & Rice, K. G. (2006). The role of emotional dysregulation in perfectionism and psychological distress. Journal of counseling psychology, 53 (4), 498–510. https://doi.org/10.1037/0022-0167.53.4.498

Altan-Atalay, A. (2018). Interactive Effects of Looming Cognitive Style and Maladaptive Perfectionism on Trait Anxiety. Journal of Rational-Emotive & Cognitive-Behavior Therapy, 36 (4), 333–342. https://doi.org/10.1007/s10942-018-0289-3

Altstötter-Gleich, C. & Bergemann, N. (2006). Testgüte einer deutschsprachigen Version der Mehrdimensionalen Perfektionismus Skala von Frost, Marten, Lahart und Rosenbla-te (MPS-F). Diagnostica, 52 (3), 105–118. https://doi.org/10.1026/0012-1924.52.3.105

Arch, J. J. & Craske, M. G. (2006). Mechanisms of mindfulness. Emotion regulation fol-lowing a focused breathing induction. Behaviour Research and Therapy, 44 (12), 1849–1858. https://doi.org/10.1016/j.brat.2005.12.007

Baer, R. A., Smith, G. T., Hopkins, J., Krietemeyer, J. & Toney, L. (2006). Using self-report assessment methods to explore facets of mindfulness. Assessment, 13 (1), 27–45. https://doi.org/10.1177/1073191105283504

Beckmann, J. & Heckhausen, H. (2018). Motivation durch Erwartung und Anreiz. In J. Heckhausen & H. Heckhausen (Hrsg.), Motivation und Handeln (S. 119–162). Berlin, Heidelberg: Springer Berlin Heidelberg.

Bekker, M. H. J., van de Meerendonk, C. & Mollerus, J. (2004). Effects of negative mood induction and impulsivity on self-perceived emotional eating. The International Journal of Eating Disorders, 36 (4), 461–469. https://doi.org/10.1002/eat.20041

Besser, A., Flett, G. L. & Hewitt, P. L. (2004). Perfectionism, cognition, and affect in re-sponse to performance failure vs. success. Journal of Rational-Emotive & Cognitive-Behavior Therapy, 22 (4), 301–328. Zugriff am 18.12.2018.

Besser, A., Flett, G. L., Hewitt, P. L. & Guez, J. (2008). Perfectionism, and cognitions, affect, self-esteem, and physiological reactions in a performance situation. Journal of Rational-Emotive & Cognitive-Behavior Therapy, 26 (3), 206–228. https://doi.org/10.1007/s10942-007-0067-0

Bishop, S. R. (2004). Mindfulness. A proposed operational definition. Clinical Psychology: Science and Practice, 11 (3), 230–241. https://doi.org/10.1093/clipsy/bph077

Böhnke, A. & Thiel, F. (2016). Unterrichtsbezogene Fehlerorientierung von Lehrkräften – Adaption und Validierung eines Fragebogens. Zeitschrift für Pädagogische Psychologie, 30 (1), 57–67. https://doi.org/10.1024/1010-0652/a000168

Bong, M., Hwang, A., Noh, A. & Kim, S.-i. (2014). Perfectionism and motivation of adolescents in academic contexts. Journal of Educational Psychology, 106 (3), 711–729. https://doi.org/10.1037/a0035836

Borkovec, T. D. (2002). Life in the future versus life in the present. Clinical Psychology: Science and Practice, 9 (1), 76–80. https://doi.org/10.1093/clipsy/9.1.76

ISÖ
Institut für
Sozialökologie

Bowen, S., Chawla, N., Collins, S. E., Witkiewitz, K., Hsu, S., Grow, J. et al. (2009). Mindfulness-based relapse prevention for substance use disorders. A pilot efficacy trial. Substance Abuse, 30 (4), 295–305. https://doi.org/10.1080/08897070903250084

Brandstätter, V. & Hennecke, M. (2018). Ziele. In J. Heckhausen & H. Heckhausen (Hrsg.), Motivation und Handeln (S. 331–353). Berlin, Heidelberg: Springer Berlin Hei-delberg.

Brown, D. B., Bravo, A. J., Roos, C. R. & Pearson, M. R. (2015). Five facets of mindful-ness and psychological health. Evaluating a psychological model of the mechanisms of mindfulness. Mindfulness, 6 (5), 1021–1032. https://doi.org/10.1007/s12671-014-0349-4

Brown, E. J., Heimberg, R. G., Frost, R. O., Makris, G. S., Juster, H. R. & Leung, A. W. (1999). Relationship of perfectionism to affect, expectations, attributions, and performance in the classroom. Journal of Social and Clinical Psychology, 18, 98–120.

Brown, K. W. & Cordon, S. (2009). Toward a phenomenology of mindfulness. Subjective Experience and Emotional Correlates. In F. Didonna (Hrsg.), Clinical handbook of mindfulness (S. 59–81). New York, NY: Springer New York.

Brown, K. W. & Ryan, R. M. (2003). The benefits of being present. Mindfulness and its role in psychological well-being. Journal of Personality and Social Psychology, 84 (4), 822–848. https://doi.org/10.1037/0022-3514.84.4.822

Burns, D. D. (1980). Feeling good. The new mood therapy. New York: New American Library.

Campbell, J. D. & Di Paula, A. (2002). Perfectionistic self-beliefs. Their relation to personality and goal pursuit. In G. L. Flett & P. L. Hewitt (Eds.), Perfectionism. Theory, re-search, and treatment (vol. 36, pp. 181–198). Washington, DC: American Psychological Association.

Carmody, J., Reed, G., Kristeller, J. & Merriam, P. (2008). Mindfulness, spirituality, and health-related symptoms. Journal of Psychosomatic Research, 64 (4), 393–403. https://doi.org/10.1016/j.jpsychores.2007.06.015

Carstensen, L. L. (1992). Social and emotional patterns in adulthood. Support for Socio-emotional Selectivity Theory. Psychology and Aging, 7 (3), 331–338.

Carstensen, L. L. (2006). The influence of a sense of time on human development. Science, 312 (5782), 1913–1915. Verfügbar unter http://www.jstor.org/stable/3846431

Carstensen, L. L., Fung, H. H. & Charles, S. T. (2003). Socioemotional Selectivity Theory and the regulation of emotion in the second half of life. Motivation and Emotion, 27 (2), 103–123.

Carstensen, L. L., Isaacowitz, D. M. & Charles, S. T. (1999). Taking time seriously. A theo-ry of socioemotional selectivity. American Psychologist, 54 (3), 165–181.

Carstensen, L. L. & Mikels, J. A. (2005). At the intersection of emotion and cognition. Aging and the Positivity Effect. Current Directions in Psychological Science, 14 (3), 117–121.

Carstensen, L. L., Pasupathi, M., Mayr, U. & Nesselroade, J. R. (2000). Emotional experience in everyday life across the adult life span. Journal of Personality and Social Psy-chology, 79 (4), 644–655. https://doi.org/10.1037//0022-3514.79.4.644

Carstensen, L. L., Turan, B., Scheibe, S., Ram, N., Ersner-Hershfield, H., Samanez-Larkin, G. R. et al. (2011). Emotional experience improves with age. Evidence based on over 10 years of experience sampling. Psychology and Aging, 26 (1), 21–33. https://doi.org/10.1037/a0021285

Castro, J., Soares, M. J., Pereira, A. T. & Macedo, A. (2017). Perfectionism and negative/positive affect associations. The role of cognitive emotion regulation and perceived distress/coping. Trends in Psychiatry and Psychotherapy, 39 (2), 77–87. https://doi.org/10.1590/2237-6089-2016-0042

Cattell, R. B. & Kline, P. (1977). The scientific analysis of personality and motivation (Personality and psychopathology, vol. 17). New York: Acad. Press.

ISÖ
Institut für
Sozialökologie

Cavanagh, K., Strauss, C., Cicconi, F., Griffiths, N., Wyper, A. & Jones, F. (2013). A randomised controlled trial of a brief online mindfulness-based intervention. Behaviour Research and Therapy, 51 (9), 573–578. https://doi.org/10.1016/j.brat.2013.06.003

Cavanagh, K., Strauss, C., Forder, L. & Jones, F. (2014). Can mindfulness and acceptance be learnt by self-help? A systematic review and metaanalysis of mindfulness and acceptance-based self-help interventions. Clinical Psychology Review, 34 (2), 118–129. https://doi.org/10.1016/j.cpr.2014.01.001

Charles, S. T. & Carstensen, L. L. (2013). Emotion regulation and aging. In J. J. Gross (Ed.), Handbook of emotion regulation (2nd ed., pp. 203–218). New York: Guilford Publications.

Charles, S. T., Reynolds, C. A. & Gatz, M. (2001). Age-related differences and change in positive and negative affect over 23 years. Journal of Personality and Social Psycholo-gy, 80 (1), 136–151. https://doi.org/10.1037//0022-3514.80.1.136

Chen, L. H., Kee, Y. H. & Tsai, Y.-M. (2012). An examination of the dual model of perfectionism and adolescent athlete burnout. A short-term longitudinal research. Interna-tional Journal of Accounting and Financial Management (IJAFM), 3, 114–121.

Chester, D. S., Merwin, L. M. & DeWall, C. N. (2015). Maladaptive perfectionism's link to aggression and self-harm. Emotion regulation as a mechanism. Aggressive Behavior, 41 (5), 443–454. https://doi.org/10.1002/ab.21578

Chiesa, A., Serretti, A. & Jakobsen, J. C. (2013). Mindfulness. Top-down or bottom-up emotion regulation strategy? Clinical Psychology Review, 33 (1), 82–96. https://doi.org/10.1016/j.cpr.2012.10.006

Conroy, D. E., Kaye, M. P. & Fifer, A. M. (2007). Cognitive links between fear of failure and perfectionism. Journal of Rational-Emotive & Cognitive-Behavior Therapy, 25 (4), 237–253. https://doi.org/10.1007/s10942-007-0052-7

Correia, M. C., Rosado, A. F. & Serpa, S. (2018). Fear of failure and perfectionism in sport. Cuadernos de Psicología del Deporte, 18 (1), 161–172. Zugriff am 18.12.2018.

Cullen, M. J., Muros, J. P., Rasch, R. & Sackett, P. R. (2013). Individual differences in the effectiveness of error management training for developing negotiation skills. International Journal of Selection and Assessment, 21 (1), 1–21.

Curran, T. & Hill, A. P. (2017). Perfectionism is increasing over time. A meta-analysis of birth cohort differences from 1989 to 2016. Psychological Bulletin. https://doi.org/10.1037/bul0000138

Curran, T. & Hill, A. P. (2018). A test of perfectionistic vulnerability following competitive failure among college athletes. Journal of Sport & Exercise Psychology, 40 (5), 269–279. https://doi.org/10.1123/jsep.2018-0059

Damian, L. E., Stoeber, J., Negru, O. & Băban, A. (2014). Perfectionism and achievement goal orientations in adolescent school students. Psychology in the Schools, 51 (9), 960–971. https://doi.org/10.1002/pits.21794

Didonna, F. (Hrsg.). (2009). Clinical handbook of mindfulness. New York, NY: Springer New York. https://doi.org/10.1007/978-0-387-09593-6

Donahue, J. M., Reilly, E. E., Anderson, L. M., Scharmer, C. & Anderson, D. A. (2018). Evaluating associations between perfectionism, emotion regulation, and eating disorder symptoms in a mixed-gender sample. The Journal of Nervous and Mental Disease, 206 (11), 900–904. https://doi.org/10.1097/NMD.0000000000000895

Döring, N. & Bortz, J. (2016). Forschungsmethoden und Evaluation in den Sozial- und Humanwissenschaften (Springer-Lehrbuch, 5. vollständig überarbeitete, aktualisierte und erweiterte Auflage). Berlin: Springer. https://doi.org/10.1007/978-3-642-41089-5

Dresel, M., Schober, B., Ziegler, A., Grassinger, R. & Steuer, G. (2013). Affektiv-motivational adaptive und handlungsadaptive Reaktionen auf Fehler im Lernprozess. Zeitschrift für Pädagogische Psychologie, 27 (4), 255–271. https://doi.org/10.1024/1010-0652/a000111

Dummel, S. & Stahl, J. (2018). Mindfulness and the evaluative organization of self-knowledge. Mindfulness, 2 (2), 73. https://doi.org/10.1007/s12671-018-0980-6

Dweck, C. S. (1986). Motivational processes affecting learning. American Psychologist, 41 (10), 1040–1048. https://doi.org/10.1037/0003-066X.41.10.1040

Eder, A. B. & Brosch, T. (2017). Emotion. In J. Müsseler & M. Rieger (Hrsg.), Allgemeine Psychologie (3. Auflage, S. 186–222). Berlin: Springer.

Elliot, A. J. & Harackiewitcz, J. M. (1996). Approach and avoidance achievement goals and intrinsic motivation. A mediational analysis. Journal of Personality and Social Psychology, 70 (3), 461–475.

Elliot, A. J. & McGregor, H. A. (2001). A 2×2 achievement goal framework. Journal of Personality and Social Psychology, 80 (3), 501–519. https://doi.org/10.1037//0022-3514.80.3.501

Flett, G. L., Hewitt, P. L., Blankstein, K. R. & Pickering, D. (1998). Perfectionism in relation to attributions for success or failure. Current Psychology, 17 (2), 249–262. https://doi.org/10.1007/s12144-998-1010-y

Frese, M. & Keith, N. (2015). Action errors, error management, and learning in organizations. Annual Review of Psychology, 66, 661–687. https://doi.org/10.1146/annurev-psych-010814-015205

Frost, R. O. & DiBartolo, P. M. (2002). Perfectionism, anxiety, and obsessive-compulsive disorder. In G. L. Flett & P. L. Hewitt (Eds.), Perfectionism. Theory, research, and treatment (vol. 36, pp. 341–371). Washington, DC: American Psychological Association.

Frost, R. O., Heimberg, R. G., Holt, C. S., Mattia, J. & Neubauer, A. L. (1993). A comparison of two measures of perfectionism. Personality and Individual Differences, 14 (1), 119–126.

Frost, R. O., Marten, P., Lahart, C. & Rosenblate, R. (1990). The dimensions of perfectionism. Cognitive Therapy and Research, 14 (5), 449–468.

Frost, R. O. & Steketee, G. (1997). Perfectionism in obsessive-compulsive disorder patients. Behaviour research and therapy, 35 (4), 291–296. https://doi.org/10.1016/S0005-7967(96)00108-8

Gautreau, C. M., Sherry, S. B., Mushquash, A. R. & Stewart, S. H. (2015). Is self-critical perfectionism an antecedent of or a consequence of social anxiety, or both? A 12-month, three-wave longitudinal study. Personality and Individual Differences, 82, 125–130. https://doi.org/10.1016/j.paid.2015.03.005

Glück, T. M. & Maercker, A. (2011). A randomized controlled pilot study of a brief web-based mindfulness training. BMC Psychiatry, 11, 175. https://doi.org/10.1186/1471-244X-11-175

Gnilka, P. B., Ashby, J. S. & Noble, C. M. (2012). Multidimensional perfectionism and anxiety. Differences among individuals with perfectionism and tests of a coping-mediation model. Journal of Counseling & Development, 90, 427–436.

Goldin, P. R., McRae, K., Ramel, W. & Gross, J. J. (2008). The neural bases of emotion regulation. Reappraisal and suppression of negative emotion. Biological Psychiatry, 63 (6), 577–586. https://doi.org/10.1016/j.biopsych.2007.05.031

Goldner, E. M., Cockell, S. J. & Srikameswaran, S. (2002). Perfectionism and eating disorders. In G. L. Flett & P. L. Hewitt (Eds.), Perfectionism. Theory, research, and treat-ment (vol. 36, pp. 319–340). Washington, DC: American Psychological Association.

Gotink, R. A., Chu, P., Busschbach, J. J. V., Benson, H., Fricchione, G. L. & Hunink, M. G. M. (2015). Standardised mindfulness-based interventions in healthcare. An overview of systematic reviews and meta-analyses of RCTs. PloS One, 10 (4), e0124344. https://doi.org/10.1371/journal.pone.0124344

ISÖ
Institut für
Sozialökologie

Grassinger, R. & Dresel, M. (2017). Who learns from errors on a class test? Antecedents and profiles of adaptive reactions to errors in a failure situation. Learning and Individual Differences, 53, 61–68. https://doi.org/10.1016/j.lindif.2016.11.009

Gross, J. J. (1998a). Antecedent- and response-focused emotion regulation. Divergent consequences for experience, expression, and physiology. Journal of Personality and Social Psychology, 74 (1), 224–237. Zugriff am 10.12.2018.

Gross, J. J. (1998b). The emerging field of emotion regulation. An integrative review. Review of General Psychology, 2 (3), 271–299.

Gross, J. J. (2001). Emotion regulation in adulthood. Timing is everything. Current Directions in Psychological Science, 10 (6), 214–219.

Gross, J. J. (Ed.). (2013). Handbook of emotion regulation (2nd ed.). New York: Guilford Publications.

Gross, J. J. (2015). The extended process model of emotion regulation. Elaborations, applications, and future directions. Psychological Inquiry, 26 (1), 130–137. https://doi.org/10.1080/1047840X.2015.989751

Gross, J. J. & Levenson, R. W. (1993). Emotional suppression. Physiology, self-report, and expressive behavior. Journal of Personality and Social Psychology, 64 (6), 970–986.

Gross, J. J. & Levenson, R. W. (1997). Hiding feelings. The acute effects of inhibiting neg-ative and positive emotion. Journal of Abnormal Psychology, 106 (1), 95–103.

Gross, J. J., Sheppes, G. & Urry, H. L. (2011). Cognition and emotion lecture at the 2010 SPSP Emotion Preconference. Emotion generation and emotion regulation: A distinction we should make (carefully). Cognition & Emotion, 25 (5), 765–781. https://doi.org/10.1080/02699931.2011.555753

Grühn, D., Kotter-Grühn, D. & Röcke, C. (2010). Discrete affects across the adult lifespan. Evidence for multidimensionality and multidirectionality of affective experiences in young, middle-aged and older adults. Journal of Research in Personality, 44 (4), 492–500. https://doi.org/10.1016/j.jrp.2010.06.003

Gu, J., Strauss, C., Bond, R. & Cavanagh, K. (2015). How do mindfulness-based cognitive therapy and mindfulness-based stress reduction improve mental health and wellbeing? A systematic review and meta-analysis of mediation studies. Clinical Psychology Review, 37, 1–12. https://doi.org/10.1016/j.cpr.2015.01.006

Gunning-Dixon, F. M., Gur, R. C., Perkins, A. C., Schroeder, L., Turner, T., Turetsky, B. I. et al. (2003). Age-related differences in brain activation during emotional face pro-cessing. Neurobiology of Aging, 24, 285–295.

Hamachek, D. E. (1978). Psychodynamics of normal and neurotic perfectionism. Psychology, 15 (1), 27–33. Verfügbar unter http://sfx.hbz-nrw.de/sfx_ubo?ctx_ver=Z39.88-2004&ctx_enc=info%3Aofi%2Fenc%3AUTF-8&rfr_id=info%3Asid%2Fsummon.serialssolutions.com&rft_val_fmt=info%3Aofi%2Ffmt%3Akev%3Amtx%3Ajournal&rft.genre=article&rft.atitle=PSYCHODYNAMICS%20OF%20NORMAL%20AND%20NEUROTIC%20PERFECTIONISM&rft.jtitle=Psychology&rft.au=Hamachek%2C%20Don%20E&rft.date=1978-02-01&rft.issn=0033-3077&rft.volume=15&rft.issue=1&rft.spage=27

Handley, A. K., Egan, S. J., Kane, R. T. & Rees, C. S. (2014). The relationships between perfectionism, pathological worry and generalised anxiety disorder. BMC Psychiatry, 14, 98. https://doi.org/10.1186/1471-244X-14-98

Harrer, M. E. & Weiss, H. (2016). Wirkfaktoren der Achtsamkeit. Wie sie die Psychotherapie verändern und bereichern. Stuttgart: Schattauer.

Hayes, S. C., Wilson, K. G. & Strosahl, K. D. (2014). Akzeptanz- & Commitment-Therapie. Achtsamkeitsbasierte Veränderungen in Theorie und Praxis. Paderborn: Junfermannsche Verlagsbuchhandlung.

Heckhausen, J. & Heckhausen, H. (Hrsg.). (2010). Motivation und Handeln (Springer-Lehrbuch, 4., überarbeitete und erweiterte Auflage). Berlin, Heidelberg: Springer-Verlag Berlin Heidelberg. https://doi.org/10.1007/978-3-642-12693-2

Hewitt, P. L. & Flett, G. L. (1990). Perfectionism and depression. A multidimensional analysis. Journal of Social Behavior and Personality, 5 (5), 423–438.

Hewitt, P. L. & Flett, G. L. (1991). Perfectionism in the self and social contexts. Conzeptualization, assessment, and association with pychopathology. Journal of Personality and Social Psychology, 60 (3), 456–470.

Hill, A. P. & Davis, P. A. (2014). Perfectionism and emotion regulation in coaches. A test of the 2×2 model of dispositional perfectionism. Motivation and Emotion, 38 (5), 715–726. https://doi.org/10.1007/s11031-014-9404-7

Hinterman, C., Burns, L., Hopwood, D. & Rogers, W. (2012). Mindfulness. Seeking a more perfect approach to coping with life's challenges. Mindfulness, 3 (4), 275–281. https://doi.org/10.1007/s12671-012-0091-8

Hofinger, G. (2008). Fehler und Unfälle. In P. Badke-Schaub, G. Hofinger & K. Lauche (Hrsg.), Human Factors. Psychologie sicheren Handelns in Risikobranchen (S. 36–55). Berlin, Heidelberg: Springer Berlin Heidelberg. https://doi.org/10.1007/978-3-540-72321-9_3

Hofmann, S. G., Sawyer, A. T., Witt, A. A. & Oh, D. (2010). The effect of mindfulness-based therapy on anxiety and depression. A meta-analytic review. Journal of Consulting and Clinical Psychology, 78 (2), 169–183. https://doi.org/10.1037/a0018555

Hülshoff, T. (2006). Emotionen. Eine Einführung für beratende, therapeutische, pädagogische und soziale Berufe (UTB für Wissenschaft Pädagogik, Psychologie, Bd. 2051, 3., aktualisierte Aufl.). München: Reinhardt.

Isaacowitz, D. M., Toner, K., Goren, D. & Wilson, H. R. (2008). Looking while unhappy. Mood-congruent gaze in young adults, positive gaze in older adults. Psychological Science, 19 (9), 848–853.

James, K. & Rimes, K. A. (2018). Mindfulness-based cognitive therapy versus pure cogni-tive behavioural self-help for perfectionism. A pilot randomised study. Mindfulness, 9 (3), 801–814. https://doi.org/10.1007/s12671-017-0817-8

James, K., Verplanken, B. & Rimes, K. A. (2015). Self-criticism as a mediator in the relationship between unhealthy perfectionism and distress. Personality and Individual Dif-ferences, 79, 123–128. https://doi.org/10.1016/j.paid.2015.01.030

Janke, S. & Glöckner-Rist, A. (2014). Deutsche Version der Positive and Negative Affect Schedule (PANAS). Zusammenstellung sozialwissenschaftlicher Items und Skalen (ZIS). https://doi.org/10.6102/zis146

John, O. P. & Gross, J. J. (2004). Healthy and unhealthy emotion regulation. Personality processes, individual differences, and life span development. Journal of Personality, 72 (6), 1301–1333. https://doi.org/10.1111/j.1467-6494.2004.00298.x

Johnston, J., Shu, C. Y., Hoiles, K. J., Clarke, P. J. F., Watson, H. J., Dunlop, P. D. et al. (2018). Perfectionism is associated with higher eating disorder symptoms and lower remission in children and adolescents diagnosed with eating disorders. Eating Behaviors, 30, 55–60. https://doi.org/10.1016/j.eatbeh.2018.05.008

Kabat-Zinn, J. (2015). Why even bother? The importance of motivation. Mindfulness, 6 (3), 675–677. https://doi.org/10.1007/s12671-015-0410-y

Kamboj, S. K., Irez, D., Serfaty, S., Thomas, E., Das, R. K. & Freeman, T. P. (2017). Ultra-brief mindfulness training reduces alcohol consumption in at-risk drinkers. A randomized double-blind active-controlled experiment. The International Journal of Neuropsy-chopharmacology, 20 (11), 936–947. https://doi.org/10.1093/ijnp/pyx064

Kawamura, K. Y., Hunt, S. L., Frost, R. O. & DiBartolo, P. M. (2001). Perfectionism, anxiety, and depression. Are the relationships independent? Cognitive Therapy and Re-search, 25 (3), 291–301.

Kennedy, Q., Mather, M. & Carstensen, L. L. (2004). The role of motivation in the age-related positivity effect in autobiographical memory. Psychological Science, 15 (3), 208–214.

Khoury, B., Sharma, M., Rush, S. E. & Fournier, C. (2015). Mindfulness-based stress reduction for healthy individuals. A meta-analysis. Journal of Psychosomatic Research, 78 (6), 519–528. https://doi.org/10.1016/j.jpsychores.2015.03.009

Kiken, L. G., Garland, E. L., Bluth, K., Palsson, O. S. & Gaylord, S. A. (2015). From a state to a trait. Trajectories of state mindfulness in meditation during intervention predict changes in trait mindfulness. Personality and Individual Differences, 81, 41–46. https://doi.org/10.1016/j.paid.2014.12.044

Kiken, L. G. & Shook, N. J. (2012). Mindfulness and emotional distress. The role of negatively biased cognition. Personality and Individual Differences, 52 (3), 329–333. https://doi.org/10.1016/j.paid.2011.10.031

Kim, L. E., Chen, L., MacCann, C., Karlov, L. & Kleitman, S. (2015). Evidence for three factors of perfectionism. Perfectionistic strivings, order, and perfectionistic concerns. Personality and Individual Differences, 84, 16–22. https://doi.org/10.1016/j.paid.2015.01.033

Kleinbeck, U. (2010). Handlungsziele. In J. Heckhausen & H. Heckhausen (Hrsg.), Motivation und Handeln (Springer-Lehrbuch, 4., überarbeitete und erweiterte Auflage, S. 285–307). Berlin, Heidelberg: Springer-Verlag Berlin Heidelberg.

Klibert, J., Lamis, D. A., Naufel, K., Yancey, C. T. & Lohr, S. (2015). Associations between perfectionism and generalized anxiety. Examining cognitive schemas and gender. Journal of Rational-Emotive & Cognitive-Behavior Therapy, 33 (2), 160–178. https://doi.org/10.1007/s10942-015-0208-9

Kral, T. R. A., Schuyler, B. S., Mumford, J. A., Rosenkranz, M. A., Lutz, A. & Davidson, R. J. (2018). Impact of short- and long-term mindfulness meditation training on amygdala reactivity to emotional stimuli. NeuroImage, 181, 301–313. https://doi.org/10.1016/j.neuroimage.2018.07.013

Krohne, H. W., Egloff, B., Kohlmann, C.-W. & Tausch, A. (1996). Untersuchung mit einer deutschen Version der "Positive and Negative Affect Schedule" (PANAS). Diagnosti-ca, 42 (2), 139–156.

Krusche, A., Cyhlarova, E. & Williams, J. M. G. (2013). Mindfulness online. An evaluation of the feasibility of a web-based mindfulness course for stress, anxiety and depression. BMJ Open, 3 (11), e003498. https://doi.org/10.1136/bmjopen-2013-003498

Kuhl, J. (2018). Individuelle Unterschiede in der Selbststeuerung. In J. Heckhausen & H. Heckhausen (Hrsg.), Motivation und Handeln (S. 389–422). Berlin, Heidelberg: Springer Berlin Heidelberg.

Lau, M. A., Bishop, S. R., Segal, Z. V., Buis, T., Anderson, N. D., Carlson, L. et al. (2006). The Toronto Mindfulness Scale. Development and validation. Journal of Clinical Psy-chology, 62 (12), 1445–1467. https://doi.org/10.1002/jclp.20326

Macedo, A., Marques, C., Quaresma, V., Soares, M. J., Amaral, A. P., Araújo, A. I. et al. (2017). Are perfectionism cognitions and cognitive emotion regulation strategies mediators between perfectionism and psychological distress? Personality and Individual Dif-ferences, 119, 46–51. https://doi.org/10.1016/j.paid.2017.06.032

Mackenzie, M. J., Carlson, L. E., Munoz, M. & Speca, M. (2007). A qualitative study of self-perceived effects of mindfulness-based stress reduction (MBSR) in a psychosocial oncology setting. Stress and Health, 23 (1), 59–69. https://doi.org/10.1002/smi.1120

Martin, J. R. (1997). Mindfulness. A proposed common factor. Journal of Psychotherapy Integration, 7 (4), 291–312. https://doi.org/10.1023/B:JOPI.0000010885.18025.bc

Martin, J. R. (2002). The common factor of mindfulness. An expanding discourse: Comment on Horowitz (2002). Journal of Psychotherapy Integration, 12 (2), 139–142. https://doi.org/10.1037//1053-0479.12.2.139

Mason, M. F., Norton, M. I., van Horn, J. D., Wegner, D. M., Grafton, S. T. & Macrae, C. N. (2007). Wandering minds: the default network and stimulus-independent thought. Science, 315 (5810), 393–395. https://doi.org/10.1126/science.1131295

Mather, M., Canli, T., English, T., Whitfield, S., Wais, P., Ochsner, K. et al. (2004). Amygdala responses to emotionally valenced stimuli in older and younger adults. Psychological Science, 15 (4), 259–263. https://doi.org/10.1111/j.0956-7976.2004.00662.x

Mather, M. & Carstensen, L. L. (2003). Aging and attentional biases for emotional faces. Psychological Science, 14 (5), 409–415.

Mather, M. & Carstensen, L. L. (2005). Aging and motivated cognition. The positivity ef-fect in attention and memory. Trends in cognitive sciences, 9 (10), 496–502. https://doi.org/10.1016/j.tics.2005.08.005

Michel, A., Bosch, C. & Rexroth, M. (2014). Mindfulness as a cognitive - emotional segmentation strategy. An intervention promoting work-life balance. Journal of Occupa-tional and Organizational Psychology, 87 (4), 733–754. https://doi.org/10.1111/joop.12072

Mofield, E., Parker Peters, M. & Chakraborti-Ghosh, S. (2016). Perfectionism, coping, and underachievement in gifted adolescents. Avoidance vs. approach orientations. Educa-tion Sciences, 6 (4), 21. https://doi.org/10.3390/educsci6030021

Moroz, M. & Dunkley, D. M. (2018). Self-critical perfectionism, experiential avoidance, and depressive and anxious symptoms over two years. A three-wave longitudinal study. Behaviour Research and Therapy, 112, 18–27. https://doi.org/10.1016/j.brat.2018.11.006

Mundle, G., Bowen, S., Heinz, A. & Kienast, T. (2014). Praktische Anwendung von Achtsamkeit in der Suchttherapie am Beispiel des MBRP Programms und der DBT-Sucht. SUCHT, 60 (1), 29–36. https://doi.org/10.1024/0939-5911.a000289

Neumeister, K. L. S. (2004). Interpreting successes and failures. The influence of perfectionism on perspective. Journal for the Education of the Gifted, 27 (4), 311–335. https://doi.org/10.4219/jeg-2004-320

Nikitin, J. & Freund, A. M. (2011). Age and motivation predict gaze behavior for facial expressions. Psychology and Aging, 26 (3), 695–700. https://doi.org/10.1037/a0023281

Ochsner, K. N., Bunge, S. A., Gross, J. J. & Gabrieli, J. D. E. (2002). Rethinking feelings. An FMRI study of the cognitive regulation of emotion. Journal of Cognitive Neurosci-ence, 14 (8), 1215–1229. https://doi.org/10.1162/089892902760807212

Ochsner, K. N. & Gross, J. J. (2013). The neural bases of emotion and emotion regulation. A valation perspective. In J. J. Gross (Ed.), Handbook of emotion regulation (2nd ed., pp. 23–42). New York: Guilford Publications. Zugriff am 06.03.2019.

Oser, F. & Spychiger, M. (2005). Lernen ist schmerzhaft. Zur Theorie des negativen Wissens und zur Praxis der Fehlerkultur (Beltz-Pädagogik). Weinheim: Beltz.

Perrone-McGovern, K. M., Simon-Dack, S. L., Beduna, K. N., Williams, C. C. & Esche, A. M. (2015). Emotions, cognitions, and well-being. Journal for the Education of the Gifted, 38 (4), 343–357. https://doi.org/10.1177/0162353215607326

Phillips, M. L., Drevets, W. C., Rauch, S. L. & Lane, R. (2003). Neurobiology of emotion perception I. The neural basis of normal emotion perception. Biological Psychiatry, 54 (5), 504–514. https://doi.org/10.1016/S0006-3223(03)00168-9

ISÖ
Institut für
Sozialökologie

Pleger, M., Schade, C., Diefenbacher, A. & Burian, R. (2014). Akzeptanz- und Commitment Therapie (ACT). Zeitschrift für Klinische Psychologie und Psychotherapie, 43 (4), 241–250. https://doi.org/10.1026/1616-3443/a000282

Reed, A. E. & Carstensen, L. L. (2012). The theory behind the age-related positivity effect. Frontiers in Psychology, 3, 339. https://doi.org/10.3389/fpsyg.2012.00339

Reed, A. E., Chan, L. & Mikels, J. A. (2014). Meta-analysis of the age-related positivity effect. Age differences in preferences for positive over negative information. Psychology and Aging, 29 (1), 1–15. https://doi.org/10.1037/a0035194

Rhéaume, J., Freeston, M. H., Dugas, M. J., Letarte, H. & Ladouceur, R. (1995). Perfectionism, responsibility and obsessive-compulsive symptoms. Behaviour research and therapy, 33 (7), 785–794. https://doi.org/10.1016/0005-7967(95)00017-R

Rice, K. G., Vergara, D. T. & Aldea, M. A. (2006). Cognitive-affective mediators of perfectionism and college student adjustment. Personality and Individual Differences, 40 (3), 463–473. https://doi.org/10.1016/j.paid.2005.05.011

Richardson, C. M. E., Rice, K. G. & Devine, D. P. (2014). Perfectionism, emotion regulation, and the cortisol stress response. Journal of Counseling Psychology, 61 (1), 110–118. https://doi.org/10.1037/a0034446

Ryan, R. M. & Deci, E. L. (2000). Self-Determination Theory and the facilitation of intrinsic motivation, social development, and well-being. American Psychologist, 55 (1), 68–78.

Santanello, A. W. & Gardner, F. L. (2007). The role of experiential avoidance in the relationship between maladaptive perfectionism and worry. Cognitive Therapy and Research, 31 (3), 319–332. https://doi.org/10.1007/s10608-006-9000-6

Sassaroli, S., Lauro, L. J. R., Ruggiero, G. M., Mauri, M. C., Vinai, P. & Frost, R. (2008). Perfectionism in depression, obsessive-compulsive disorder and eating disorders. Behaviour Research and Therapy, 46 (6), 757–765. https://doi.org/10.1016/j.brat.2008.02.007

Saunders, J., Barawi, K. & McHugh, L. (2013). Mindfulness increases recall of self-threatening information. Consciousness and Cognition, 22 (4), 1375–1383. https://doi.org/10.1016/j.concog.2013.09.001

Schaefer, S. M., Jackson, D. C., Davidson, R. J., Aguirre, G. K., Kimberg, D. Y. & Thompson-Schill, S. L. (2002). Modulation of amygdalar activity by the conscious regulation of negative emotion. Journal of Cognitive Neuroscience, 14 (6), 913–921. https://doi.org/10.1162/089892902760191135

Scheibe, S. (2011). Emotionsregulation. Strategien, neuronale Grundlagen und Altersveränderungen. In M. Reimann & B. Weber (Hrsg.), Neuroökonomie. Grundlagen - Methoden - Anwendungen (Gabler-Lehrbuch, 1. Aufl., S. 59–83). Wiesbaden: Gabler Verlag / Springer Fachmedien Wiesbaden GmbH Wiesbaden.

Scheibe, S. & Blanchard-Fields, F. (2009). Effects of regulating emotions on cognitive performance. What is costly for young adults is not so costly for older adults. Psychology and Aging, 24 (1), 217–223. https://doi.org/10.1037/a0013807

Scherer, K. (1981). Wider die Vernachlässigung der Emotion in der Psychologie. In W. Michaelis (Hrsg.), Bericht über den 32. Kongreß der Deutschen Gesellschaft für Psychologie in Zürich 1980. Bericht des Präsidenten, Sondervorträge, Metatheorie, Methodologie, Grundlagen (32.1980,1, Bd. 1, S. 304–317). Göttingen: Hogrefe.

Schryer, E. & Ross, M. (2012). Evaluating the valence of remembered events. The importance of age and self-relevance. Psychology and Aging, 27 (1), 237–242. https://doi.org/10.1037/a0023283

Shapiro, S. L. (2009). The integration of mindfulness and psychology. Journal of Clinical Psychology, 65 (6), 555–560. https://doi.org/10.1002/jclp.20602

ISÖ
Institut für
Sozialökologie

Shapiro, S. L., Carlson, L. E. & Kabat-Zinn, J. (2011). Die Kunst und Wissenschaft der Achtsamkeit. Die Integration von Achtsamkeit in Psychologie und Heilberufe (1. Aufl.). Freiburg im Breisgau: Arbor-Verl.

Shapiro, S. L., Oman, D., Thoresen, C. E., Plante, T. G. & Flinders, T. (2008). Cultivating mindfulness. Effects on well-being. Journal of Clinical Psychology, 64 (7), 840–862. https://doi.org/10.1002/jclp.20491

Shiffrin, R. M. & Schneider, W. (1977). Controlled and automatic human information processing II. Perceptual Learning, Automatic Attending, and a General Theory. Psycho-logical Review, 84 (2), 127–190.

Shih, S.-S. (2013). Autonomy support versus psychological control, perfectionism, and Taiwanese adolescents' achievement goals. The Journal of Educational Research, 106 (4), 269–279. https://doi.org/10.1080/00220671.2012.692734

Short, M. M. & Mazmanian, D. (2013). Perfectionism and negative repetitive thoughts. Examining a multiple mediator model in relation to mindfulness. Personality and Indi-vidual Differences, 55 (6), 716–721. https://doi.org/10.1016/j.paid.2013.05.026

Siegel, D. J. (2007a). The mindful brain. Reflection and attunement in the cultivation of well-being (First edition). New York: W.W. Norton & Company.

Siegel, D. J. (2007b). Mindfulness training and neural integration. Differentiation of distinct streams of awareness and the cultivation of well-being. Social Cognitive and Affective Neuroscience, 2 (4), 259–263. https://doi.org/10.1093/scan/nsm034

Slade, P. D. & Owens, R. G. (1998). A dual process model of perfectionism based on rein-forcement theory. Behavior Modification, 22 (3), 372–390.

Smith, M. M., Saklofske, D. H. & Nordstokke, D. W. (2014). The link between neuroticism and perfectionistic concerns. The mediating effect of trait emotional intelligence. Per-sonality and Individual Differences, 61-62, 97–100. https://doi.org/10.1016/j.paid.2013.12.013

Smith, M. M., Saklofske, D. H. & Yan, G. (2015). Perfectionism, trait emotional intelligence, and psychological outcomes. Personality and Individual Differences, 85, 155–158. https://doi.org/10.1016/j.paid.2015.05.010

Smith, M. M., Saklofske, D. H., Yan, G. & Sherry, S. B. (2017). Does perfectionism predict depression, anxiety, stress, and life satisfaction after controlling for neuroticism? Journal of Individual Differences, 38 (2), 63–70. https://doi.org/10.1027/1614-0001/a000223

Smith, M. M., Sherry, S. B., McLarnon, M. E., Flett, G. L., Hewitt, P. L., Saklofske, D. H. et al. (2018). Why does socially prescribed perfectionism place people at risk for depres-sion? A five-month, two-wave longitudinal study of the Perfectionism Social Discon-nection Model. Personality and Individual Differences, 134, 49–54. https://doi.org/10.1016/j.paid.2018.05.040

Smith, M. M., Sherry, S. B., Rnic, K., Saklofske, D. H., Enns, M. & Gralnick, T. (2016). Are perfectionism dimensions vulnerability factors for depressive symptoms after controlling for neuroticism? A meta-analysis of 10 longitudinal studies. European Journal of Personality, 30 (2), 201–212. https://doi.org/10.1002/per.2053

Spijkerman, M. P. J., Pots, W. T. M. & Bohlmeijer, E. T. (2016). Effectiveness of online mindfulness-based interventions in improving mental health. A review and meta-analysis of randomised controlled trials. Clinical Psychology Review, 45, 102–114. https://doi.org/10.1016/j.cpr.2016.03.009

Spitzer, N. (2016). Perfektionismus und seine vielfältigen psychischen Folgen. Ein Leitfaden für Psychotherapie und Beratung (Psychotherapie, 1. Aufl. 2016). Berlin, Heidelberg: Springer Berlin Heidelberg. https://doi.org/10.1007/978-3-662-47476-1

Stahl, J. (2010). Error detection and the use of internal and external error indicators. An investigation of the first-indicator hypothesis. International Journal of Psychophysiology : Official Journal of the

International Organization of Psychophysiology, 77 (1), 43–52. https://doi.org/10.1016/j.ijpsycho.2010.04.005

Stahl, J., Acharki, M., Kresimon, M., Völler, F. & Gibbons, H. (2015). Perfect error processing. Perfectionism-related variations in action monitoring and error processing mechanisms. International Journal of Psychophysiology: Official Journal of the International Organization of Psychophysiology, 97 (2), 153–162. https://doi.org/10.1016/j.ijpsycho.2015.06.002

Stoeber, J. (2018a). The psychology of perfectionism. An Introduction. In J. Stoeber (Ed.), The psychology of perfectionism. Theory, research, applications. London: Routledge.

Stoeber, J. (Ed.). (2018b). The psychology of perfectionism. Theory, research, applications. London: Routledge.

Stoeber, J., Damian, L. E. & Madigan, D. J. (2018). Perfectionism. A motivational perspective. In J. Stoeber (Ed.), The psychology of perfectionism. Theory, research, applications (pp. 19–43). London: Routledge.

Stoeber, J., Harris, R. A. & Moon, P. S. (2007). Perfectionism and the experience of pride, shame, and guilt. Comparing healthy perfectionists, unhealthy perfectionists, and non-perfectionists. Personality and Individual Differences, 43 (1), 131–141. https://doi.org/10.1016/j.paid.2006.11.012

Stoeber, J., Hutchfield, J. & Wood, K. V. (2008). Perfectionism, self-efficacy, and aspiration level. Differential effects of perfectionistic striving and self-criticism after success and failure. Personality and Individual Differences, 45 (4), 323–327. https://doi.org/10.1016/j.paid.2008.04.021

Stoeber, J., Kempe, T. & Keogh, E. J. (2008). Facets of self-oriented and socially prescribed perfectionism and feelings of pride, shame, and guilt following success and failure. Personality and Individual Differences, 44 (7), 1506–1516. https://doi.org/10.1016/j.paid.2008.01.007

Stoeber, J. & Otto, K. (2006). Positive conceptions of perfectionism. Approaches, evidence, challenges. Personality and Social Psychology Review, 10 (4), 295–319.

Stoeber, J., Schneider, N., Hussain, R. & Matthews, K. (2014). Perfectionism and negative affect after repeated failure. Journal of Individual Differences, 35 (2), 87–94. https://doi.org/10.1027/1614-0001/a000130

Stoeber, J. & Yang, H. (2010). Perfectionism and emotional reactions to perfect and flawed achievements. Satisfaction and pride only when perfect. Personality and Individual Differences, 49 (3), 246–251. https://doi.org/10.1016/j.paid.2010.03.044

Tang, Y.-Y., Tang, R. & Posner, M. I. (2016). Mindfulness meditation improves emotion regulation and reduces drug abuse. Drug and Alcohol Dependence, 163 Suppl 1, S13-8. https://doi.org/10.1016/j.drugalcdep.2015.11.041

Tangney, J. P. (2002). Perfectionism and the self-conscious emotions. Shame, guilt, embarrassment, and pride. In G. L. Flett & P. L. Hewitt (Eds.), Perfectionism. Theory, re-search, and treatment (vol. 36, pp. 199–215). Washington, DC: American Psychological Association.

Tangney, J. P., Stuewig, J. & Mashek, D. J. (2007). Moral emotions and moral behavior. Annual Review of Psychology, 58, 345–372. https://doi.org/10.1146/annurev.psych.56.091103.070145

Tawfik, A. A., Rong, H. & Choi, I. (2015). Failing to learn. Towards a unified design ap-proach for failure-based learning. Educational Technology Research and Development, 63 (6), 975–994. https://doi.org/10.1007/s11423-015-9399-0

Thompson, T., Foreman, P. & Martin, F. (2000). Impostor fears and perfectionistic concern over mistakes. Personality and Individual Differences, 29 (4), 629–647. https://doi.org/10.1016/S0191-8869(99)00218-4

ISÖ
Institut für
Sozialökologie

Tracy, J. L. & Robins, R. W. (2006). Appraisal antecedents of shame and guilt. Support for a theoretical model. Personality & Social Psychology Bulletin, 32 (10), 1339–1351. https://doi.org/10.1177/0146167206290212

Urry, H. L., van Reekum, C. M., Johnstone, T., Kalin, N. H., Thurow, M. E., Schaefer, H. S. et al. (2006). Amygdala and ventromedial prefrontal cortex are inversely coupled during regulation of negative affect and predict the diurnal pattern of cortisol secretion among older adults. The Journal of Neuroscience, 26 (16), 4415–4425. https://doi.org/10.1523/JNEUROSCI.3215-05.2006

Vago, D. R. & Silbersweig, D. A. (2012). Self-awareness, self-regulation, and self-transcendence (S-ART). A framework for understanding the neurobiological mechanisms of mindfulness. Frontiers in Human Neuroscience, 6, 296. https://doi.org/10.3389/fnhum.2012.00296

Van der Kaap-Deeder, J., Soenens, B., Boone, L., Vandenkerckhove, B., Stemgée, E. & Vansteenkiste, M. (2016). Evaluative concerns perfectionism and coping with failure. Effects on rumination, avoidance, and acceptance. Personality and Individual Differ-ences, 101, 114–119. https://doi.org/10.1016/j.paid.2016.05.063

Watson, D., Clark, L. A. & Tellegen, A. (1988). Development and validation of brief measures of positive and negative affect. The PANAS scales. Journal of Personality and Social Psychology, 54 (6), 1063–1070.

Weiner, B. (1985). An attributional theory of achievement motivation and emotion. Psy-chological Review, 92 (4), 548–573.

Weiner, B. A. & Carton, J. S. (2012). Avoidant coping. A mediator of maladaptive perfectionism and test anxiety. Personality and Individual Differences, 52 (5), 632–636. https://doi.org/10.1016/j.paid.2011.12.009

Wersebe, H., Lieb, R., Meyer, A. H., Hofer, P. & Gloster, A. T. (2018). The link between stress, well-being, and psychological flexibility during an Acceptance and Commitment Therapy self-help intervention. International Journal of Clinical and Health Psychology : IJCHP, 18 (1), 60–68. https://doi.org/10.1016/j.ijchp.2017.09.002

Williams, J. M. G. (2008). Mindfulness, depression and modes of mind. Cognitive Therapy and Research, 32 (6), 721–733. https://doi.org/10.1007/s10608-008-9204-z

Wimberley, T. E., Mintz, L. B. & Suh, H. (2016). Perfectionism and mindfulness. Effectiveness of a bibliotherapy intervention. Mindfulness, 7 (2), 433–444. https://doi.org/10.1007/s12671-015-0460-1

Witkiewitz, K., Marlatt, G. A. & Walker, D. (2005). Mindfulness-Based Relapse Prevention for alcohol and substance use disorders. Journal of Cognitive Psychology, 19 (3), 211–228.

Wittmann, M., Peter, J., Gutina, O., Otten, S., Kohls, N. & Meissner, K. (2014). Individual differences in self-attributed mindfulness levels are related to the experience of time and cognitive self-control. Personality and Individual Differences, 64, 41–45. https://doi.org/10.1016/j.paid.2014.02.011

Zhao, B. (2011). Learning from errors. The role of context, emotion, and personality. JJournal of Organizational Behavior, 32 (3), 435–463. https://doi.org/10.1002/job.696

Zhao, B. & Olivera, F. (2006). Error reporting in organizations. Academy of Management Review, 31 (4), 1012–1030. Zugriff am 15.12.2018.

Institut für
Sozialökologie

Anhang

Anhang A: Achtsamkeitsübung

Sie hören nun eine angeleitete Meditation zum achtsamen Atmen, sowie zur achtsamen Wahrnehmung Ihrer Gedanken und Gefühle.

Nehmen Sie eine bequeme Sitzhaltung ein. Richten Sie Ihren Oberkörper auf, sodass Ihre Wirbelsäule gerade ist und Sie stabil und entspannt sitzen können. Ihre Schultern fallen locker nach unten; ihre Hände können Sie auf die Oberschenkel oder leicht gefaltet in Ihren Schoß legen. Der Kopf ist entspannt und etwas nach unten gebeugt. Wenn es Ihnen angenehm ist, können Sie jetzt die Augen schließen; oder einfach den Blick senken.

Nehmen Sie sich einen Moment Zeit, um Ihren Körper und Ihren Geist langsam zur Ruhe kommen zu lassen. Lassen Sie alles hinter sich, was Sie bis eben noch beschäftigt hat. Und wenn Sie sich bereit fühlen, wenden Sie Ihre Aufmerksamkeit Ihrem Atem zu, wie er ganz von selbst in Ihren Körper ein- und wieder ausströmt. (1) Vielleicht spüren Sie, wie sich während des Atmens die Nasenflügel leicht bewegen; oder ob die Luft, die sie atmen eher warm oder eher kühl ist. (2) Vielleicht spüren Sie auch, wie sich beim Einatmen der Bauch sanft hebt; und wie er sich beim Ausatmen wieder senkt. Es gibt bei dieser Übung keine falschen oder richtigen Empfindungen – nehmen Sie den Atem einfach so wahr, wie er natürlich in den Körper ein- und wieder ausströmt. Überlassen Sie den Atem einfach sich selbst und schenken Sie ihm Ihre ganze Aufmerksamkeit. Der Atem ist es, der Sie mit dem Hier und Jetzt verbindet; mit dem gegenwärtigen Augenblick.

Früher oder später bemerken Sie vielleicht, dass Ihre Gedanken wandern. Das ist ganz normal, unsere Gedanken sind es gewohnt, sich zu beschäftigen und Sie können dies bewusst wahrnehmen: Der Moment, in dem Sie bemerken, dass Ihre Gedanken wandern, ist ein Moment des Erwachens, ein Moment der Achtsamkeit. Wenn Sie also merken, dass Ihre Gedanken gewandert sind, nehmen Sie es zur Kenntnis ohne es zu bewerten. Halten Sie einfach kurz inne, um zu sehen, wohin Ihre Gedanken gerade gewandert sind - welche Gedanken, Erinnerungen oder Gefühle sie gerade aus dem Hier und Jetzt gezogen haben. Nehmen Sie diese Dinge zur Kenntnis ohne sie jedoch verändern zu wollen oder sie zu bewerten. Lenken Sie dann Ihre Aufmerksamkeit behutsam und freundlich wieder zu Ihrem Atem zurück; der Atem wird zu einem Anker, der Sie mit dem Hier und Jetzt verbindet. Und wenn Ihre Gedanken abschweifen und immer wieder abschweifen, dann holen Sie sie einfach jedes Mal geduldig wieder zurück. Bleiben Sie sich selbst gegenüber freundlich und wohlwollend. Die wiederholten Wanderungen Ihrer Gedanken sind Gelegenheiten, Ihrem inneren Erleben Geduld und auch freundliche Neugierde entgegenzubringen. Es ist weder falsch noch richtig, wenn Gedanken abschweifen, noch ist es gut oder schlecht. Nehmen Sie es einfach zur Kenntnis; und nehmen Sie auch zur Kenntnis wohin Ihre Gedanken gewandert sind. Vielleicht stellen Sie fest, dass es immer ähnliche Gedanken oder Gefühle sind, die Sie aus dem Hier und Jetzt ziehen. Was auch immer Ihre Gedanken oder Gefühle sind, die Sie ablenken, nehmen Sie sie einfach nur wahr und versuchen Sie nicht, sie zu verändern. Und lenken Sie dann Ihre Aufmerksamkeit wieder ganz dem Atem zu. Nutzen Sie die nun folgende Stille um auf diese Weise ein wenig für sich selbst zu üben und dem gegenwärtigen Augenblick Ihre ganze Aufmerksamkeit schenken. Beobachten Sie ab und zu, wo Ihre Gedanken gerade sind – freundlich und mit einer sanften Neugierde.

So wie Sie in der vorangegangenen Stille den natürlichen Fluss des Atmens beobachtet haben, so können Sie auch Ihre Gedanken und Gefühle beobachten – wie sie von selbst kommen – und wie sie von selbst auch wieder gehen, ähnlich wie Wolken kommen und auch wieder gehen. In jedem Augenblick, in dem Sie vorhin festgestellt haben, dass Ihre Gedanken gewandert sind, konnten Sie Ihre Gedanken so wahrnehmen wie sie sind, ohne selbst Teil der Gedanken zu sein. Sie haben Ihre Gedanken als Gedanken wahrgenommen, Ihre Gefühle als Gefühle. Wir können unser inneres Erleben – unsere Gedanken, Gefühle oder körperlichen Empfindungen – beobachten, ohne selbst in dieses Erleben einzusteigen, indem wir etwa versuchen, das Erleben verändern zu wollen. Es gibt also einen Unterschied zwischen Ihnen selbst – der Person, die beobachtet –, und Ihrem inneren Erleben – also dem, *was* Sie beobachten. Sie können diesen Unterschied zwischen Ihnen selbst und Ihrem inneren Erleben noch deutlicher erkennen, indem Sie die in Ihnen aufkommenden Gedanken und Gefühlen, benennen. Wenn Sie beispielsweise feststellen, dass Ihre Gedanken erneut gewandert sind und Sie das wiederholte Abschweifen Ihrer Gedanken vielleicht frustriert oder enttäuscht, dann können Sie kurz innehalten und schauen, wo Ihre Gedanken gerade sind und was das für ein Gefühl ist, das Sie in eben diesem Moment bewusst wahrnehmen; und Sie können dieses Gefühl dann benennen indem sie etwa lautlos zu sich sagen: „Frustration, da ist Frustration" oder „Enttäuschung, da ist Enttäuschung". *Beobachten* Sie die Gefühle lediglich, ohne in sie einzusteigen und sich von ihnen forttragen zu lassen oder sie zu hinterfragen.

Nehmen Sie Ihr inneres Erleben als das wahr, was es ist: Gefühle als Gefühle, Gedanken als Gedanken, körperliche Empfindungen als körperliche Empfindungen. Und versuchen Sie dabei nicht, das Erleben zu verändern; versuchen Sie es so zu akzeptieren wie es ist, ohne es zu bewerten. Sie werden vielleicht feststellen, dass unser Geist Dinge manchmal sehr schnell bewertet: als gut oder schlecht, als angenehm oder unangenehm. Auch unsere Gedanken und Gefühle bewertet unser Geist manchmal beinahe automatisch. Diese Bewertungen sind aber auch nur Gedanken – Gedanken, die Sie wahrnehmen und die Sie benennen können, beispielsweise als „bewertende Gedanken". Bewertende Gedanken sind jedoch nicht identisch mit den Gedanken oder Gefühlen, auf die sie sich beziehen. Wenn Sie etwa Frustration wahrnehmen, dann nehmen Sie dies als ein Gefühl, als Frustration wahr; und wenn Ihr Kopf dies dann automatisch als unangenehm oder als schlecht bewertet dann nehmen Sie dies als bewertenden Gedanken wahr. Unser Geist ist es gewohnt Dinge schnell zu bewerten; und auch wenn wir versuchen, Gedanken oder Gefühle so wahrzunehmen wie sie sind, ohne sie zu bewerten, wird unser Geist anfangs unwillkürlich bewertende Gedanken formen. Das ist nicht schlimm; nehmen Sie dies einfach zur Kenntnis und benennen Sie sie dieses Bewerten dann einfach als „bewertende Gedanken"; und wenden Sie dann Ihre Aufmerksamkeit wieder dem eigentlichen Gefühl oder dem eigentlichen Gedanken zu, den Sie beobachtet haben und begegnen Sie diesem erneut mit einer offenen und akzeptierenden Haltung; oder kehren Sie mit Ihrer Aufmerksamkeit wieder ganz zu Ihrem Atem zurück. Und begegnen Sie dabei stets auch sich selbst mit Freundlichkeit und wohlwollender Akzeptanz.

Nutzen Sie die nun die folgende Stille um ein wenig für sich zu üben. Lenken Sie Ihre Aufmerksamkeit ganz auf den Atem. Und wenn Sie feststellen, dass Ihre Gedanken wandern, dann beobachten Sie dies: Beobachten Sie wie Ihre Gedanken oder Gefühle kommen und wie sie wieder gehen, so wie Wolken kommen und wieder gehen. Und wenn Sie möchten, können Sie das, *was* Sie beobachten, auch gerne benennen: als Sehnsucht, als Sorge, als Zukunftsgedanke, als Erinnerung. Was auch immer Sie beobachten, nehmen Sie es so wahr wie es ist, ohne es verändern zu wollen. Begegnen Sie Ihrem inneren Erleben mit Freundlichkeit, Offenheit und wohlwollender Akzeptanz. Und wenn Sie Ihr inneres Erleben auf diese Weise eine Weile beobachtet haben, dann kehren Sie mit Ihrer Aufmerksamkeit wieder sanft und freundlich zu Ihrem Atem zurück.

Und bevor Sie nun gleich zum Ende kommen, spüren Sie noch einmal sanft in Ihren Körper hinein. Erweitern Sie dann schrittweise, mit jedem Atemzug Ihre Aufmerksamkeit, und bleiben Sie dabei weiterhin offen und wohlwollend gegenüber den Eindrücken, die Sie wahrnehmen. Und wenn Sie nun langsam und behutsam die Augen öffnen, dann versuchen Sie diese Offenheit und wohlwollende Akzeptanz auch auf den Rest des Tages zu übertragen.

Mindwanderingübung

Sie werden nun eine Übung machen, bei der Sie angeleitet werden, Ihre Gedanken frei umherwandern zu lassen.

Nehmen Sie eine bequeme Sitzhaltung ein. Richten Sie Ihren Oberkörper auf, sodass Ihre Wirbelsäule gerade ist und Sie stabil und entspannt sitzen können. Ihre Schultern fallen locker nach unten; ihre Hände können Sie auf Ihre Oberschenkel oder leicht gefaltet in Ihren Schoß legen. Der Kopf ist entspannt und etwas nach unten gebeugt [kurze Pause]. Wenn es Ihnen angenehm ist, können Sie jetzt die Augen schließen; oder einfach den Blick senken [kurze Pause].

Und nun denken Sie einfach über das nach, was Ihnen gerade in den Sinn kommt… [kurze Pause] Lassen Sie Ihre Gedanken frei umherwandern… Sie brauchen sich auf nichts zu fokussieren… Ihre Gedanken können sich freiweg bewegen… einfach so, wie Sie es auch normalerweise tun würden… [Pause, ca. 1 Minute]

Fahren Sie nun damit fort, Ihre Gedanken frei umherwandern zu lassen. Sie können nachdenken, worüber Sie wollen… lassen Sie Ihren Gedanken einfach freien Lauf… Ich sage Ihnen dann Bescheid, wenn es Zeit ist, mit etwas Anderem fortzufahren. [Pause, ca. 3 Minuten]

Lassen Sie Ihre Gedanken weiter wandern… lassen Sie Ihre Gedanken ziehen, wohin immer sie möchten (1 min) … Gestatten Sie Ihren Gedanken, sich frei zu bewegen; es gibt nichts, worauf Sie sich in diesem Moment konzentrieren müssten [Pause, ca. 2 Minuten]

Fahren Sie damit fort, Ihre Gedanken frei umherwandern zu lassen und folgen Sie ihnen wohin immer Sie sie auch führen [kurze Pause]. Denken Sie einfach über das nach, was Ihnen gerade in den Sinn kommt. Ich gebe Ihnen Bescheid, wenn es Zeit ist, mit etwas Anderem fortzufahren [Pause, ca. 2 Minuten].

Die Übung ist nun zu Ende. Es folgt nun der nächste Teil der Studie.

Anhang B: Adaptierter Fragebogen zur Adaptivität der Reaktionen nach Dresel et al. (2013)

Tabelle 16: Texte und Kennwerte der Items zur Erfassung der Adaptivität der Reaktionen auf das Feedback

Item	Feedback	
	Positiv	Negativ
Adaptivität der affektiv-motivationalen Reaktionen	M (SD)	M (SD)
(1) An solchen mathematischen Tricks bzw. Aufgaben werde ich auch zukünftig genauso viel Spaß haben.	4.46 (1.10)	4.08 (1.26)
(2) Auch wenn mir die Lösung der Aufgabe nicht gelungen ist, werde ich in Zukunft trotzdem den gleichen Spaß an dem Thema bzw. der Aufgabe haben.	4.43 (1.14)	4.02 (1.30)
(3) Beim nächsten Mal werde ich weniger Lust haben, mathematische Tricks zu lernen. (-)	4.91 (1.03)	4.41 (1.24)
(4) Die hier gemachten Fehler bewirken, dass ich ab jetzt weniger Spaß am Lernen mathematischer Tricks haben werde. (-)	5.07 (1.04)	4.38 (1.33)
(5) Auch wenn mir die Lösung der Aufgabe nicht gelungen ist, habe ich trotzdem Lust, weiter zu arbeiten.	4.57 (1.05)	4.08 (1.26)
Handlungsadaptivität der Reaktionen		
(1) Beim nächsten Mal werde ich mich umso mehr anstrengen.	4.08 (1.30)	3.75 (1.26)
(2) Beim nächsten Mal werde ich mich besser vorbereiten.	3.12 (1.56)	2.90 (1.40)
(3) Beim nächsten Mal werde ich versuchen, mich zu verbessern.	4.52 (1.22)	4.11 (1.23)
(4) Ich weiß, wobei ich mich beim nächsten Mal mehr anstrengen muss.	3.75 (1.33)	3.13 (1.39)
(5) Ich versuche, die Lücke, die sich in meinem Wissen gezeigt hat, zu schließen.	3.82 (1.32)	3.41 (1.43)
(6) Dass es mir nicht gelungen ist, die Aufgabe zu lösen, hilft mir zu erkennen, wobei ich mich noch verbessern kann.	3.88 (1.42)	3.28 (1.37)
(7) Ich werde genau diesen Aufgabentyp üben, den ich hier nicht lösen konnte.	2.72 (1.48)	2.63 (1.29)

Anmerkungen: N = 155; Skalenumfang aller Items: 1-6. Negative Items sind mit (-) gekennzeichnet.

ISÖ
Institut für
Sozialökologie

ANHANG

Die Autorin

Laura Stalb-Opielka, M.Sc.

Laura Stalb-Opielka, M.Sc. studierte Psychologie an der Universität zu Köln und befindet sich in der Ausbildung zur Psychotherapeutin. Die vorliegende Studie ist eine durchgesehene Fassung ihrer Masterarbeit mit dem Titel „Perfektionismus und Umgang mit Fehlern. Wie wirkt sich eine Achtsamkeitsübung bei Perfektionismus auf die Adaptivität affektiv motivationaler und handlungsbezogener Reaktionen auf Fehler aus?" am Lehrstuhl für Differentielle Psychologie und Psychologische Diagnostik (Leitung Prof. Dr. Jutta Stahl) im Department für Psychologie der Humanwissenschaftlichen Fakultät der Universität zu Köln.

Prof. Dr. Erich Schäfer, Autor des Vorworts, ist Senior Fellow am ISÖ – Institut für Sozialökologie in Siegburg und Professor für Erwachsenenbildung am Fachbereich Sozialwesen der Ernst-Abbe-Hochschule Jena. Er hat die Texte der Achtsamkeitsübung und der Mindwandering-übung eingesprochen, die in dieser Studie eingesetzt wurden.

ISÖ
Institut für
Sozialökologie

Impressum

ISÖ – Institut für Sozialökologie gemeinnützige GmbH

Tel.: +49 (0) 2241 1457073

Fax: +49 (0) 2241 1457039

Ringstraße 8

53721 Siegburg

Wissenschaftlicher Leiter und Geschäftsführer

Prof. Dr. habil. Michael Opielka

Förder- und Trägerverein

Sozialökologische Gesellschaft e.V. (gemeinnützig) - gegründet 1987

Mitgliedschaften

Mitglied der Arbeitsgemeinschaft Sozialwissenschaftlicher Institute e.V. (ASI)

Mitglied im Deutschen Verein für öffentliche und private Fürsorge e.V.

www.isoe.org